大夏书系·全国中小学班主任培训用书

优秀班主任
60个管理创意

◎ 陈海滨 徐丽华 主编

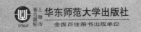华东师范大学出版社

图书在版编目（CIP）数据

优秀班主任60个管理创意/陈海滨，徐丽华主编.—上海：华东师范大学出版社，2013.1
ISBN 978-7-5675-0316-8

Ⅰ.①优… Ⅱ.①陈… ②徐… Ⅲ.①中小学—班主任工作 ②中小学—班级—学校管理 Ⅳ.①G635.16 ②G632.421

中国版本图书馆CIP数据核字（2013）第025149号

大夏书系·全国中小学班主任培训用书

优秀班主任60个管理创意

主　　编	陈海滨　徐丽华
策划编辑	朱永通
审读编辑	周　莉
封面设计	灵韵一格
责任印制	殷艳红
出版发行	华东师范大学出版社
社　　址	上海市中山北路3663号 邮编200062
网　　址	www.ecnupress.com.cn
电　　话	021-60821666 行政传真 021-62572105
客服电话	021-62865537
邮购电话	021-62869887 地址 上海市中山北路3663号华东师范大学校内先锋路口
网　　店	http://hdsdcbs.tmall.com/
印刷者	北京密兴印刷有限公司
开　　本	700×1000　16开
印　　张	13
字　　数	180千字
版　　次	2013年7月第一版
印　　次	2025年1月第三十二次
印　　数	94 001－96 000
书　　号	ISBN 978-7-5675-0316-8/G·6188
定　　价	49.80元
出版人	朱杰人

（如发现本版图书有印订质量问题，请寄回本社市场部调换或电话021-62865537联系）

目 录

第一辑 好创意呵护学生心灵

1. 火辣辣的掌，火辣辣的爱 ｜ 何捷 ／3
2. 给心情装上"监测器" ｜ 王艳芳 ／7
3. 这样的生日过得有意义 ｜ 孙丕和 ／11
4. 别出心裁"心情树" ｜ 王淑英 ／14
5. 我班的"快乐收藏"之旅 ｜ 田苗苗 ／17
6. 我们班的"诚信记录本" ｜ 蒯威 ／20
7. 我们的"心情晴雨表" ｜ 屠仁标 ／22
8. 小小提示伴生行 ｜ 马志响 ／25
9. 让故事说话 ｜ 刘彩霞 ／27
10. 小故事，巧教育 ｜ 卓明星 ／29

第二辑 好创意激发无限潜能

1. 我们班的"专家指导" ｜ 刘雪晶 ／37
2. "我能"收获盒 ｜ 刘雪晶 ／40
3. 班级"奥斯卡" ｜ 胡元华 ／43
4. 博客勋章 ｜ 李晓燕 ／45
5. "小鬼头轮番当家" ｜ 曹建英 ／47

6. 朗读自己的名言 | 张森 / 49
7. 今天谁走进了老师的日记 | 刘亚琼 / 51
8. 欢乐树,伴成长 | 毛丽红 / 54
9. 让孩子带着荣耀回家 | 李云珠 / 57
10. 成长记录册构筑"成长风景线" | 庄明华 / 60

第三辑 好创意让沟通无限

1. 师生许愿墙 | 何捷 / 67
2. 周末"说三道四" | 俞国平 / 69
3. 用"画话本"架起沟通的桥梁 | 朱颖颖 / 73
4. "鸿鹄夜话",班主任的温柔助手 | 闫书英 / 76
5. 让管理与作业同行 | 刘亚琼 / 79
6. "心情微博",让学生敞开心扉 | 马国智 / 82
7. 新年日记迅速拉近师生距离 | 刘亚琼 / 85
8. 心灵的秘密花园 | 侯燕 / 87

第四辑 好创意"升级"评价方式

1. 趣味评价促成长 | 刘雅萍 / 91
2. 让互评触动心灵 | 欧阳利杰 / 97
3. 我班的"七色花"评比栏 | 庄明华 / 100
4. 我们班的"感动人物" | 蒯威 / 103
5. 照片评语卡 | 侯燕 / 106
6. 别开生面的学期评语 | 李晓燕 / 108

第五辑　好创意巧解教育难题

1. 亮出你的名片来 | 陈秀梅　/113
2. 第一次亮相 | 张丽芝　/115
3. "地缘战术"破解拆班难题 | 卢声怡　/118
4. 我认识你 | 卢声怡　/121
5. 用勤劳的双手装扮最美的教室 | 朱勇　/124
6. 突发事件：让我们一起处理 | 蒯威　/127

第六辑　好创意才有好帮手

1. 将"班级岗位"进行到底 | 蒯威　/133
2. 我们班有个"消防员" | 蒯威　/135
3. 小助理，大作用 | 蒯威　/138
4. 封官大典 | 曹建英　/140
5. 值日岗位认领制 | 周威丽　/142
6. "聘任制"让班干部动起来 | 梁好　/145

第七辑　好创意让班级具有特色

1. 小小科学龙，班级的图腾 | 王怡文　/149
2. 童谣班规让班级"火"起来 | 温爱娟　/156
3. 让家长报告会走进课堂 | 王杰英　/162
4. 人生拍卖会 | 马轩　/164
5. 图书推荐会 | 蒋岭　/168

6. 我班有个图书银行 | 孙丕和 / 177

7. 阅读储蓄小银行 | 杜鹃 / 179

8. 我的座位谁做主 | 李楠 / 181

9. "5S"进班级 | 陈洁 / 184

10. 小小图书角，开启大世界 | 张兵 / 186

11. 班旗高扬 | 邱磊 / 188

12. "猴儿们"的快乐生活 | 陈岚 / 191

13. 今年又该流行啥 | 陈岚 / 196

14. 老师的荣誉也上墙 | 曹继军 / 199

第一辑　好创意呵护学生心灵

教师对学生成长的陪伴，不仅有学业上的教导，还有对学生心灵的用心呵护和滋养。对学生心灵的呵护，既有像"给心情装上'监测器'"这样直接的关注，也有像"火辣辣的掌，火辣辣的爱"这样一个不经意间的动作传递出来的温情。这些都是班主任的爱心使然，能将班主任的德育工作化为无形，成了一种充满艺术的智慧之举。

1. 火辣辣的掌，火辣辣的爱

我有一个习惯，无论冬夏，每天在护送路队出校门时都要和孩子们逐一击掌告别。那清脆的掌声、道别声、欢笑声，伴随着师生间浓浓的情、真挚的爱，成了一道独特的风景。孩子们比我更为激动，六十个人，六十双手掌，热切地向我击来，"啪啪"直响，用不了几下，我的掌心已经是火辣辣的了，但师生之间的爱也在这火辣辣的感觉中升温、积淀。

这小小的举动，如今已经成了我和孩子们每天放学道别时不可缺少的仪式，并且引起了周围人和接送孩子的家长们的兴趣。很多人问我怎么会有此举。说起来，还要提到一则关于外国某小学特殊规定的报道。报道中说，学校规定在每周一的清晨，教师必须立于班级门口，逐一抚摸每个孩子的头，和孩子握握手，早会课用来倾听孩子们的周末新闻。专家解释说，这些行为大有必要。孩子需要来自教师的各种形式的关爱——身体接触、言语安慰、心理疏导等。别小看这些摸头、握手的"小动作"，它们有时候比千言万语更加能温暖人心。这则报道当时引起了我的反思：我们的日常教育行为，在言语安慰、心理疏导上可能已经做得比较到位，可由于对传统道德观念和师生关系的狭隘认识，较少有教师敢于用肢体语言、行为接触来传递爱的信息。

如何突破呢？一次，我在现场观看排球比赛时，见到女排姑娘们在击球得分或者丢分时，总是会和队友击掌，我灵机一动：为什么不在每天放学时和孩子们击掌告别呢？与其像雕塑般注视着他们离去，还不如将击掌这种肢体接触作为一种教育行为，在师生之间形成一种"超链接"，将孩子心中由于对教师权威的畏惧而形成的师生距离缩短为"零距离"！这么一琢磨，就有了这个行为。不知不觉中已经坚持了五年，并且有越来越多的朋友效仿，让我由衷感到高兴和幸福。

不但如此，在这五年中我还惊喜地发现，击掌已经击出不少有趣的故事，下面就和大家分享两则有代表性的。

故事一：偏不和你击掌

一天放学时，一个孩子一反常态：她把小脸一瞥，侧身而过。我喊她并笑着说：来，我们击掌。她却说：偏不和你击掌。听罢，我一头雾水。第二天下午，我询问她不愿和我击掌的原因，原来，她对我昨天处理的一个问题有意见。事后，她还撰写了一则百字作文：

> 我给何老师提个意见
>
> 小慧
>
> 昨天晚上，我因为找不到练习册，今天中午差点做不成作业。我打电话回家让爸爸再找找，可是爸爸翻箱倒柜之后还是没找到。今天中午发现练习册被放在老师的讲台上。今天上课之前，我找过何老师帮忙，可何老师却说："你的练习册放在哪里跟我没关系。"我想，这事要是请朱老师帮忙，她肯定会问问全班同学，有没有哪位同学拿错了作业本？就冲这一点，我给何老师提个意见。

这件事给我的触动很大。教师不经意间说的一句话会给孩子带来那么大的委屈，如果不是这一次的拒绝击掌，恐怕到现在我还不知道自己错在哪里呢。从那以后，我很留心哪个孩子没有和我击掌，哪个孩子击掌时表情比较委屈或是拉长了脸。一旦发现情况，就立即找孩子谈心，这样做还真是及时解决了不少问题。

故事二：轻轻和您击掌

啪、啪、啪，掌声清脆，手心也发烫。和全班六十个孩子击掌告别，皮不厚些还真不行。到小林时，已经有一大半的同学和我击过掌道别了。看着她伸出手掌，我条件反射地微微向后撤了一下。没想到这一小小的举动也逃不过她的眼睛。没等我开口解释，她先说话了："老师，拍疼您了吧，没关系，我轻轻地和您击掌，保证不疼！"言罢，她伸出小拇指，在我的掌心间轻点了一下，示意已经击过掌了。知道吗？这轻柔的举动让我有触电般的感觉。这电流是孩子对老师的关爱，极具穿透力。从那时起我才知道："无微不至"这个词不是在教师关心学生时才能使用的"专利词"，孩子对老师的爱也是细致的，因为他们有着一颗细腻的、金子般的童心。

有趣的是，从那次以后，孩子们和我击掌的花样越来越多：有握手的、碰手指的、双手同时击掌的、碰小拳头的……每一种特殊的形式后面都藏着我和这个孩子之间不同的情感故事。这样想来，我也是周华健歌中唱到的那个"有故事的人"了，不禁感觉自己很富有。每天的击掌中我还有不少收获：掌心中夹带的一张叙事小纸条、一朵代表祝福的小花、一张给我擦汗的纸巾，甚至还有被体温融化了的巧克力……让我明白，爱可以用很多种方式来传递。不仅如此，师生情、班级的人性化管理就在这样微小的动作中构建起来，击掌告别，让我和孩子之间有了更为融洽亲密的真情。

如今，和孩子们击掌告别已经成为我了解班级的重要手段，成为我架设在班级中的"电子眼"，成为我和孩子们的一座友谊桥梁。和孩子击掌告别，教师要主动亮出掌心，要面带微笑，这表示你的诚意；要用心观察，也许最不为人知的小秘密就会在一瞬间被你捕捉。击掌告别，让你成为最懂孩子的人，成为最受欢迎的班主任。

我真的没想到，当时灵机一动想到的举措，今天能帮助我轻松地管理班级，能将班主任的德育工作化为无形，成了一种充满艺术的智慧之举。我们要感谢生活中的发现,少了它哪会有奇思妙想;我们要习惯向生活索取、学习,汇聚生活中的点滴形成教育合力,将自己从繁重的琐事中解脱出来。各位教师朋友,您认为呢?

福建省福州教育学院第二附属小学　何　捷

2. 给心情装上"监测器"

大家都知道气象站是用来观测天气的,在我们威海塔山小学,也有个"气象观测站",只不过,这个叫"3+2"模式的"学生心灵气象观测站"不是用来预测天气,而是用来监测学生每天的"心灵气象"的。气象站还能观测"心灵气象"?什么叫"3+2"模式?欲知详情,就请跟我一起来探个究竟吧。

一、模式有讲究

所谓"3",即三个"心理关注团队"。

团队一:由语文、数学老师组成的"心情晴雨观测站"。以"发散关注"的形式,面向全班同学,及时对他们的心灵进行关注。

团队二:由科任老师组成的"阳光孩子大本营"。以"纵向关注"的形式,一对一地对特需生实施发展性关注,促使其不断超越自我。

团队三:由班主任、德育老师组成的"阳光心情小屋"咨询室。利用每天中午休息的时间,以"随机关注"的形式,对同学们临时或者偶发的心理问题,进行及时关注和疏导。

所谓"2",即一个"特需生教育大课堂"和一个"德育小助理"特殊职务的设立。

五年级学生个人情况迥异,有的学生家庭条件很差,心理上存在问题,需要帮助。德育处进行摸底调查后,在学校推行"特需生教育大课堂",给这些特需生下发调查问卷,激发他们的情感,用集体教育的氛围影响和感化他们。

在对给予特需生关注这个方面,我们还大胆尝试了新举措:将各科老师报上来的三至五年级的特需生,安排了新职责"德育小助理"。他们每周会进行以下三个方面的记录:

童眼看塔小之"精彩瞬间"——发现身边的美好;童眼看塔小之"我的善意提醒"——制止不良现象;"每天成长一点点"成长记录——内观自我的超越。

孩子们很珍惜德育小助理这个职务。他们每天发现身边的美好瞬间,遇到不良现象主动善意提醒,上课下课的状态有了极大的改观。特需生们当上小助理之后,给了所有人惊喜。正所谓每一朵鲜花都有盛开的理由,每一只小鸟都能够飞跃海洋,只要我们给它们一对信任的翅膀。

二、办法很简单

在塔山小学各个班级,孩子们的家庭作业本上除了写有日期、班级、姓名外,还有特殊的一项,即"心情晴雨图"。他们可按照自己喜欢的方式,把自己当天的心情用简单的心情标志图画出来。心情好就在作业本上画上笑脸,心情不好就画上哭脸。这样,老师在批阅作业的时候,就可以关注到孩子们的心情情况,对于心情不好的孩子,老师可以在第一时间找机会了解原因,从而及时进行疏导。老师晓之以理、动之以情的回应,让孩子们的快乐得以分享,烦恼得以释放,消除了压力,舒缓了情绪,有利于引导他们加强自我反思,体验情绪状态,进而及时调适,有效减少负面情绪带来的不良影响,保持心理健康。

一天,五(1)班小维写道:爸爸在饭桌上宣布了一条好消息——从此之后不再喝酒了!耶!我写作业时的心情特好,就在"心情晴雨图"处画上了一个扎着蝴蝶结的小姑娘，眯缝着一只眼睛在笑。还写上了心情指数：10级。

班主任老师看后，笑着在旁边写道：向小维爸爸致敬！

还有一次，小晶在作业本上画了一个大大的哭脸。原来，小晶和同桌有了误会，上刘老师的语文课时，她去帮助数学张老师送作业了，同桌却说她出去玩了，回来上课迟到的她被刘老师批评了。她觉得很委屈，就在作业本上画了个哭脸。课间，张老师马上找到小晶了解情况并向刘老师解释。

张老师一出马，误会马上解除了，小晶和同桌握手言和。"心情晴雨图"真灵！

"心情晴雨图"不但解决了同学们与老师、与同学、与父母之间的很多问题，还教会了大家在问题发生时该如何面对、如何承担以及如何解决。

三、行动有真情

每个班级里都有一些比较特殊、顽皮的孩子，让班主任老师在管理过程中颇为费心。他们有的是学习习惯有问题，有的是家庭教育有问题，有的是与人相处的心态有问题，还有的是对自我的期待有问题。对此，每个教师都认领了一个"校园孩子"，给他们特别关注。

兰舟老师的"校园孩子"是二年级的淘气包小丰。课间时，兰舟老师经常和小丰坐在小石凳上聊天。久而久之，小丰在日记里表达了对兰舟老师的感谢之情：

> 我有一个非常疼爱我的亲妈妈。上学后，我又有了一个好妈妈——兰舟老师。她是我的"校园妈妈"，教我们音乐课。兰舟老师对我可好了。我刚上学的时候，上课不专心听讲，什么都不会，她经常帮助我，教我怎么读书、写字，怎样专心听讲，做一个好孩子。我表现好了，她就给我大拇指奖章。有一次，我把米粒粘在同桌的头上，班主任告诉了兰舟老师，在放学路上，兰舟老师批评了我，给我讲故事，教我怎样团结小伙伴。

兰舟老师还经常送给我书，让我回家好好读，她说这样不仅能认识很多字，还能长知识。

我非常喜欢我的校园妈妈。我想对她说："我爱您，校园妈妈！"

读着小丰的日记，兰舟老师心里暖暖的，感到无比快乐。"谢谢你，可爱的孩子！你对我的爱让我感到幸福，你的进步让我更加欣喜。我愿用我的爱伴随着你，让我们一起享受成长的美丽。"兰舟老师在小丰的日记后面这样写道。

像这样一个个真实感人的故事，或许是塔山小学"学生心灵监测站"成立以来最大的收获吧！

对学生心灵"监测"的举措在塔山小学虽由学校整体部署实施，但具体的落实仍旧以各个班级为单位，强调班级内部各科任教师的总体配合，所以，即便你的学校没有这样的统一部署也没有关系，年段组长可以协调本年段的教师共同实施，班主任可以协调自己班级的教师共同实施。

山东省威海市塔山小学　王艳芳

3. 这样的生日过得有意义

买蛋糕，点蜡烛，送礼物，齐聚一堂，有说有笑，这样过生日的方式在普通人看来是再寻常不过的了。近些年，这一习惯也逐渐蔓延到学校。

站在教育者的角度看，这样的生日庆祝方式有教育意义吗？

应该说，很少，或者几乎没有。

我尝试过另一种庆祝生日的方式。学生小磊的生日到了。小磊同学学习成绩一般，为人诚恳，但平时与同学交往不多，因此他的生日恐怕不会有人在学校给他过。下午第四节活动课时，教室内大屏幕上展示出一个大大的生日蛋糕图片，上面点燃了 13 根生日蜡烛。全班同学 45 双眼睛都诧异地盯着红红的蜡烛和诱人的蛋糕。从学生的眼神中，我看到了他们的迷惑。我想：他们的心里肯定在打鼓，孙老师这是在搞什么名堂，现在谁还差这几十元钱，买不起一个蛋糕？就在这时，班长许晴走到讲桌前，开始了今天特殊的生日庆祝主持活动。

"同学们，今天是我们班小磊的生日，他家离学校有二十多里路，家长来学校很不方便，更重要的是今天他不能回家，因为他住校。今天我们要给他过一个特殊的生日。我们先把小磊同学请上讲台。"小磊在同学们的掌声中走上讲台。班长许晴接着说："我们今天在座的全班 45 名同学和我们的班主任孙老师，将共同邀请小磊的家长和我们一起给小磊过一个有意义的生日。"说罢，许晴用我的手机拨通了小磊家长的电话，并且打开了话筒的扬声器，通过麦克风，声音响彻整个教室。

"喂，请问是小磊同学的爸爸妈妈吗？叔叔阿姨，你们好！今天是小磊的生日，我们知道您家离学校很远，而且小磊住在学校，今天又不能回家。所以，现在我们利用活动课时间邀请您通过电话和全班同学一起给小磊过生日，好吗？"

"好！太好了！"

"叔叔阿姨，首先，我代表全班向你们汇报一下小磊同学取得的进步。他在全校运动会上取得了男子1 000米长跑冠军。上次期末考试，他又有3科进步了，成绩由原来的B考到了A。他在班里团结同学，从来不给班级惹麻烦，他所在的小组本学期被评为优秀小组。他在宿舍纪律和食堂纪律方面表现优秀，获得了班级十佳标兵称号。我们都很喜欢小磊同学，我们全班同学都很团结。叔叔阿姨，你们就放心地工作吧。非常感谢你们给我们的班级送来了一个好同学、好兄弟。我们以后会更加团结努力，帮助小磊同学取得更大的成绩。你们也跟小磊说句话吧！"

电话另一端的小磊父母早已感动得流泪了。"给孩子过的这个生日真有意义，我真是没想到。孩子啊，我很高兴，你有一个这么优秀的、团结的好集体。我原来都不知道你还有这么多优点。在家，我有时对你发脾气，说你这不好那不好，原来，同学们和你相处得这么好，我真替你感到高兴！我没有什么牵挂的了，我很感激你们的老师，想得这么周到。孩子啊，好好努力，你一定会有出息的！孩子啊，爸爸妈妈祝你生日快乐！"

小磊同学在感动的泪水中与家长告别。同学们一起唱起了"祝你生日快乐"。从那以后，小磊同学更加努力了，在集体力量的鼓励下，各项成绩稳步提高。

在我们教室的墙壁上，张贴着一张生日榜，上面详细记录着每一个同学的生日。过一个这样的生日只需要10分钟，但这10分钟给每个同学和每个家庭带来的影响是巨大的。作为增强班级凝聚力、增强学生自尊心的重要舞台，它让每个同学体会到了平等的意义。一个小小的举动、一个普通的电话，把学生的心、家庭的爱、班级的情紧密联系在一起。

班级管理抓细节，一个细节感染一个孩子的内心，凝聚一个家庭的力量，团结一个班级的干劲。而这些细节，正是班主任班级管理中爱的体现。

山东省潍坊市高新区实验学校　孙丕和

4. 别出心裁"心情树"

到了八年级,学生的心理健康越来越是个问题了。功课压力比较大,又难免遭遇青春期种种成长的烦恼,这些或多或少都会在他们的心理上有所反映。当一个人感到困惑的时候,他最需要的就是倾诉,并渴望得到别人真诚的理解和帮助。而这些问题能否及时得到解决,又直接关系着学生的学业是否有成、身心是否健康发展。

作为班主任,我真心希望能够理解学生,与他们平等交流并给予帮助,也希望我的学生能从中汲取经验教训,愉快地度过校园阶段的生活。经过一段时间的观察和思考,我决定在班里"种"下一棵"心情树",动员全班同学跟我一起培育,让树上结满硕果,让果实的芬芳充溢教室,回味在老师和同学们的内心深处。实践了半年多时间,效果出奇地好,我在高兴、自豪的同时,在此把一些具体做法展示给大家,希望与更多的教育同仁一起共享。

第一步,主题班会奠基础。

为了让学生认识到这项活动的必要性,班主任可以先组织一节以"中学生心理健康问题"为主题的班会课。

首先,在班会课上给学生展示一些目前中学生常见的心理健康问题,帮学生分析这些问题的一般症状及其危害,让学生认识到解决此类问题的必要性和迫切性。其次,教师提出解决问题的建议——在班里"种"下一棵"心情树",通过学生"结果"、老师"收获"的方式,在师生之间开展平等交流,进行心灵对话,帮助学生找到解决心理健康问题的最佳方案。再次,全班同学讨论这一建议的可行性，确定之后举手表决通过。

第二步，班里"长"出"心情树"。

由班长组织擅长绘画的同学，在教室后面的墙壁上画一棵枝繁叶茂的"心情树"，动员全班同学共同来爱护、培育这棵"心情树"。

第三步，学生硕果挂枝头。

每个学生依据自己的心情，选择不同颜色的"心情果"——在一张彩色卡片上写下自己的困惑，当然也可以写内心的快乐和祝福，将其挂在自己喜欢的"树枝"上。

第四步，教师关注"心情树"，及时收获"心情果"。

教师通过阅读写在"心情果"上的文字，可以对学生的情绪状态和变化一目了然。当学生心情舒畅时，教师可以借机对学生提出新的要求；当学生心情烦闷、郁郁不乐时，教师可以及时找学生谈心，对学生实施有效的心理疏导。

当然，学生性格迥异，日常表现也不同。考虑到班里有几位性格比较内向的同学，我特意在班会上强调："老师衷心希望每一位同学都能健康快乐地成长，不过，好事多磨，一些小麻烦偶尔会光临你的生活。乐观地看，这是好事情，因为你可以借此跟老师交流啊！说不定我们会由此成为好朋友呢——'铁杆'的那种！当然了，不方便直说的，也可以委婉一些；如果觉得情况'十万火急'，也可以在你的'心情果'上略作标记，比如画上几根鸡毛……"在同学们的哈哈大笑中，我注意到了那几位性格内向的学生的表情由紧张变成了舒心的微笑。

实践证明，我班别出心裁的"心情树"，特别适合青春期阶段的学生。他们对我采用的这种与学生交流、解决问题的方式极为推崇，一致认为它新颖、不落俗套，而且尊重了他们的人格，维护了他们的自尊心，以民主、平等的方式教育和帮助了学生。

有实例为证。

一天，我"摘"下了A同学的一枚"心情果"——"老师，我心情糟糕透了！我现在每天都很认真地复习地理、生物，几乎天天熬夜苦读，但是成绩却<u>丝毫</u>不见长进，是我太笨了吗？我不可救药了吗？我该怎么办？"毋庸置疑，A 同学在学习中遭遇复习瓶颈，一时转不出来了。于是我赶紧找到教地理、生物两科的教师，结合 A 同学最近做的几份试题，与他们一起分析她的学习状况，最终得出一致"诊断"——A 同学的复习方法不对。接下来，我找来 A 同学，先是肯定了她认真刻苦的学习态度，然后给她讲解了采用正确的复习方法的重要性：想要提高学习效率，必须先找到真正适合自己的学习方法，不是一味地读读背背写写就够了。我建议 A 同学与地理和生物教师交流一下，请他们帮自己制定一个更有效的复习计划，并给予具体方法上的指导。

听了我的话，A 同学紧蹙的眉头舒展了，向我连声道谢。接下来事情如我所料，一切都朝着最佳状态发展。在当年五月份的全市统一模拟考试中，A 同学地理、生物两科都考了 A——货真价实的"双 A"生啊！我打心眼儿里替她高兴。这不，A 同学手持奖状的照片已经登上我们的班级"荣誉殿堂"了！

几天前，我又"收获"了 A 同学的"心情果"——"亲爱的老师，我不知道该如何感谢您！是您帮我指点了迷津，引导我走出了迷惘，找回了自信。今后，我将以更刻苦的学习、更优异的成绩来报答您！"看看！读了这样的"心情果"，我又怎能不心情舒畅、深深陶醉呢？

这正是，别出心裁"心情树"，教育、管理好方法。

山东省潍坊市高新区实验学校　王淑英

5. 我班的"快乐收藏"之旅

越来越发现现在的孩子多了些冷漠，少了些感恩。一次不经意的碰撞就会引发一场争吵，一次简单的借阅还要加上利息的代价……不但我有这种感觉，同事们也常常为学生之间不能够彼此欣赏、感恩、斤斤计较而头疼。

近日，在谈论教研组评课时，大家都对3+1的评课方式（即评课时先说3个优点，再提出1条建设性的意见）津津乐道，认为它不但保护了讲课老师的积极性，而且更好地激发了老师重构课堂教学的动力。在这种开放欣赏的氛围中，大家由于彼此真诚的交流、提出中肯的建议而更乐于参加科研活动。由此我突然感悟到：学生彼此之间不欣赏，不珍惜，不正源于他们缺乏真爱的磁场吗？如果能够在爱的氛围中氤氲，在互动中欣赏珍惜，他们也是可以改变的。于是，我想到了学校每天下午持之以恒的"分享十分钟"。在这十分钟的口语表达时间里，孩子们可以谈天说地，提升自己的口语能力。为什么不在其中加入"快乐收藏"这个板块呢？这样能引导孩子们睁大发现的眼睛，欣赏身边同学的亮点，珍惜彼此之间的友情，将爱的磁场变得强大，引领每一个孩子的成长。

首先，我向学生们讲明了"快乐收藏"口语表达板块的内容：只要你看到了小伙伴的优点或值得大家学习的人或事，都可以走上分享的舞台，把它介绍给大家。交流方式可以遵循下面的基本模式：我欣赏谁，我欣赏她（他）的什么，我为什么欣赏她（他），我最想对他（她）说什么话。当然，也鼓励设置悬念、深情表达等创新模式。只要有主题，有内容，而且语言流畅，充满真情实感，就可以获得"真情大拇指"一枚，累积8枚大拇指就可换取有校长签名的"真爱之星"荣誉奖状。为了更好地扩大影响，第一阶段我采取了主动出击的策略，鼓励孩子主动上台交流，给予优势孩子自我彰显的平台；第二阶段采取了有心筛选的策略，特别关注一些想说却不敢说的边缘生，帮助他们增长自信，让他们能够"跳一跳，摘桃子"；第三阶段则采用大家喜闻乐见的"击鼓传花"方式，随机发言，互相欣赏，感恩无限。于是，上课认真听讲的小雨、积极发言的美玲、擅长写作文的宋峰、英语极棒的芳辉、辛勤付出的班长，等等，都相继出现在被欣赏者之列。

可是，渐渐地我发现，学生们分享的人物大多集中在班级里表现优秀的学生，而其他学生多被忽视，再就是分享的内容大多是学习方面的。为此我又创新了板块的内容，每周一由我主播，周二至周五再由学生畅谈。为什么在周一由我主播呢？因为我要将焦点聚在那些平时容易被忽视的学生身上，引导全体学生发现这些学生的亮点，还有一些平日里易被学生们忽略的细节。由于观察全面，解说充满真情，我在每周一的独台分享很快吸引了学生。在我浸润无声的引领下，小佳乐于助人，小艺值日负责，小林见到老师总是主动热情地帮助老师拿东西，小新不再随意打架了，小承不再因为一点小事而大发雷霆，小晖总是勤奋努力，小威能够信守诺言了，这些平日里被忽视的同学和事件，全部映现在学生欣赏的眼睛里。我引导他们睁大了眼睛，放宽了欣赏的视野，浓浓的爱的意识氤氲在每个孩子的心中。孩子们不仅快乐了，平和了，一些平日里的"丑小鸭"也都在努力向"白天鹅"幸福地蜕变。孩子们的心动了，心厚了，心暖了，班级文化也更加自主进取了。

但我并未满足于此，我在思考怎样能让这份欣赏留下更真实、扎实的足迹，怎样能让欣赏之花开得更灿烂更丰盛。由此我想到了循环日记，故而又在学生口语表达的基础上设立了一本"快乐收藏"循环日记。每个同学负责一天，全班同学轮流撰写，用文字记录自己的欣赏发现，用心中的感受镌刻点点感恩，教师随机点评，用写作的力量传递欣赏的快乐。慢慢地，孩子们的观察视角自然地从同学拓展到老师、亲人、生活中的每一件小事中。对张挂在展示台上的"快乐收藏"循环日记，孩子们每天都急于翻阅，快乐分享，主动发展，感恩他人，互相学习，和谐进取。

我们班的"快乐收藏"这份真爱的大磁场，让孩子们丢掉了自私与冷漠，摈弃了指责与任性，在成长的行囊中加进了欣赏、感恩、关爱、无私，孩子们成长得快乐、健康、真实。

山东省威海市塔山小学　田苗苗

6. 我们班的"诚信记录本"

孩子忘带作业本是再平常不过的事情。其中除了那些学习让老师操心、不善于归整物品的孩子，也不乏习惯好、成绩优异的学生。每每看到办公室里的老师问孩子要作业，或是打电话给家长核实情况，甚至让家长把作业送来的时候，我心里总在想：谁没有个忘性呢？不要说孩子，想想我们自己，谁又没有上班忘带手机、出门忘拿钥匙的经历？

考虑到这一实际情况，一直以来我的班上都有这一做法：每学期每个人都有一次"无条件"忘带作业的机会，也就是说，如果有一天你忘记带作业本到学校，不需要作任何解释，只要跟学习委员讲一下，然后在第二天把作业带来就可以了；而享受完这一特殊待遇后，如果再出现忘带作业的现象，那就要利用在校时间把作业补做完，第二天还需把忘在家的作业带来。有了前面的宽容和信任，对后面带有惩罚性质的处理，孩子也比较容易接受。但每当看到孩子争分夺秒地补完前一天的作业时，我总在思考：有没有更好的办法呢？

于是，我们班的"诚信记录本"诞生了。利用晨会课，我和孩子们交流了具体做法：班上设立一名诚信记录员，专门负责填写班级的诚信记录本。如果有孩子忘记带作业，首先自己说明是真的忘带还是没有做。如果是没做的，当天放学前补做完成；如果确实是没有带，则到诚信记录员处登记，并于第二天把作业带来检查。只要第二天能把作业带来，这种"忘记"一学期里不限次数。我把这一想法在班上宣布后，孩子们个个惊讶得不敢相信，并连声吹呼起来。也有个别孩子提出自己的担心："老师，这样做会不会有同学故意不带作业，或者没做的也说是忘带呢？"其实，这也是我担心的，但我还是对大家说："我相信同学们都在长大，也相信大家都会尊重别人对自己的信任。"

出乎意料的是，两三个星期下来，使用诚信记录本的机会实在不多，比起以前，忘带作业的人更少了，除了个别平时常忘记带作业的孩子，极少有孩子上榜。再看看上面那几个熟悉的名字，直觉告诉我，其中确实存在没写作业却说忘带来的可能。平时遇到这种情况，他们总是在老师的强压下，万不得已才补做，作业完全成了应付和负担，根本谈不上质量与效果；而要他再把前一天的作业带来，更是成了几乎不可能完成的任务。在诚信记录本中登记后，无需在校内补做，也无人监督，有的是一份承诺，一片自主的空间，他们反而能在第二天把作业带来，尽管这可能是孩子后来补做的。

看着诚信记录本，我突然有一种说不出的感动。拿着这个记录着孩子成长足迹的本子，我对孩子们说："你们真的长大了，懂事了！诚信记录本就是最好的记录。"孩子们也不由自主地给自己和小伙伴们鼓掌。

诚信记录本，记录的是对孩子的尊重和信任；诚信记录本，记录的还是对孩子自尊的保护、天性的认同；诚信记录本，记录的更是老师对每个孩子发展的高尚期许。它让孩子的健康成长更多了一份自我管理的空间，一次自我教育的机会。

江苏省苏州市工业园区第二实验小学　蒯威

7. 我们的"心情晴雨表"

"点名啦！点名啦！"尽职的值日班长又开始了一天的工作，大伙马上安静下来。"宋杭霏，9分；宋铖鑫，8.5分；阮捷，10分……"

咦，这是在点名吗？是在报测试成绩？你心里是不是有些犯嘀咕了？其实，这是我们每个人每天的心情综合指数。"心情综合指数"？你是不是更迷惑了？别急，请听听我们的故事吧！

金秋九月，暑假过后，孩子们又高高兴兴地来到学校。开学第一天，整个校园被精心装扮一番，热烈欢迎孩子们回来。校园广播里回荡着快乐的歌声："小鸟在前面带路，风儿吹向我们……"两个月没见的孩子们重新欢聚一堂，兴奋而又激动地说话，显得格外亲切，我也被这个场面感染。一个闪念在我心里朦胧地显现。

一个星期后，我在班级里宣布："孩子们，让我们为自己制作一份'心情晴雨表'吧！""什么叫'心情晴雨表'？"性急的孩子瞪大眼睛问。

"你们看——"

心情晴雨记录

___年___月___日 星期___

（心情指数：1—10分。1分表示心情低落，10分代表情绪高昂。）

我的心情：_____分。一个词形容：_____。

今日心情大事件：_____。

感触、调整：_____。

备注（其他）：_____。

"孩子们，让我们为自己每天的心情打分——若你今天心情很好，情绪高昂，比如受表扬、获奖、取得好的成绩等，你就给自己打10分；若遇到不开心的事情、情绪低落、被批评了、跟同学吵架了、丢东西等，你觉得能打几分就打几分；可以用一个词来说说你的心情，比如痛苦、悲伤、忧愁、难过、紧张、平静、激动、兴奋、快乐，等等；再把一天里发生的重大的开心的或难过的事，简短地写下来；还可以写写你是怎样调整心情的，写一句感言。若还有其他补充，比如你有什么意见、建议、心里话之类，也可以写在'备注'一栏里告诉我。若能这样长期坚持下去，把它写成厚厚一本，当我们某一天回望自己的'心路'时，你会发现这很有趣，而且很有意义！你还可以根据自己的喜好，去设计、装饰、美化它！"

说到这儿，教室里一下子变得热闹起来，大家都觉得很新鲜，很有意思。我又补充道："咱们不是都有写日记、周记的习惯吗？以后就把这个作为我们的'新版日记'吧！""哇，好！"孩子们一边欢呼响应，一边已动起手来。

"现在不急！这几天，我发现不少同学的抽屉里很脏很乱，作业本中简单的作业也是错题连连，因此，现在老师还有个建议：首先我们得好好整理一下课桌抽屉。其次好好整理整理自己的大脑，对自己的一天进行反思总结，好好梳理今天所学的知识和收获，总结学习方法；回想一下今天做了哪些事，完成了什么任务，还有什么事没做好，什么地方需要改进；老师提了什么要求，明天要带什么东西，要做哪些准备工作；总结一下今天自己表现如何，做得怎么样；等等。每位同学若能用心去做，我相信你们以后做事一定会井井有条，而且在各个方面一定会有长足进步……"

最后，我和孩子们经过讨论，决定在每天下午最后一节课末尾或放学之前，专门留出十分钟时间，前五分钟作为"整理"时间——孩子们什么都不用说不用做，自己静静地想，静静整理；后五分钟孩子们则用心记录"晴雨表"（也可以带回家去完成）。

开始时，孩子们不会整理，或是整理的效果不好。等到慢慢成为一种习惯，整理的功效自然而然就会体现出来，相信会整理的孩子一定能很好地认识自己，管理好自己，培养自己的管理能力。

  一个学期结束了，我下发一张"我进步了"的综合评价表，表中有"老师说我进步了""同学朋友说我进步了""爸爸妈妈说我进步了""我也觉得自己进步了"等内容。暖阳下，孩子们拿着这张评价表，看着自己写得密密麻麻而又点点滴滴的进步，开心地笑了。我也笑了。

浙江省上虞市沥海镇中心小学 屠仁标

8. 小小提示伴生行

在师范学校读书时，每逢期中和期末考试，时任宣传委员的我都会在黑板上用彩色美术笔写上大大的简短的考试提示语，如"用虚心和实力来印证自己""捧着一颗细心应考，不带半点遗憾离去""怀着最细致的心灵，紧握最有力的笔杆，用永不服输的心，去迎接考试吧！""期末检验用成绩说话"，这些温馨提示不但帮助同学们缓解了心理压力，形成了良好的考试氛围，也因此形成了班级特有的考试文化。每次考试，我总要为班级同学送去鼓励和提醒，送去关心和温暖，这种力量是潜移默化、"润物无声"的。写完之后，我总会为自己挥笔即来的美术字叫好，总会留驻片刻欣赏自己的"杰作"。听到同学们的啧啧称赞声，更是喜悦陶醉。写下的文字虽不华丽，但字里行间包含着的浓浓心意温暖人心。同学们在考试中偶尔抬头，就能看到温馨提示，从而认真、从容地应考。提示语对他们紧张的考试心理起到积极的暗示和抚慰作用，给了他们莫大的心理关怀。

从教多年来，我延续了读书时在黑板上写提示语的做法，在学生期中和期末考试前，为他们送去信心、关怀。诸如这样的友情提醒："沉着应战，静心思考""反复检查，一丝不苟""专心专注，全力以赴""紧张做下深呼吸，保你考试很轻松"，等等，学生们每次看到这些醒目的美术字，喜悦之情溢于言表。我还指导学生自己写考试提示语，除了锻炼，也让他们体验为同伴付出时的那份精神愉悦感。但学生更乐于请我这位班主任书写，说这样对他们的鼓励和帮助更大些。学生每次考试时的表现也如提示语说的那样，细心细致，冷静沉着，从容应考。学生坦言：如果考不好或不用心，对不起老师为我们精心写下的提示语了。

可见，提示语能够给学生的心理积极肯定的暗示，这种持续的暗示力量又可以转化为他们应考的信心和力量，也可以提醒他们莫大意，莫轻视，要重视每场考试，形成积极的考试心理。提示语不断加强给予学生的积极的心理暗示，会内化为应考能力，让他们在考场上尽情发挥。因为有老师的"心"在陪伴他们，因为有老师的爱陪伴在左右，老师的心声伴随他们披荆斩棘。写在黑板上的提示语有我的嘱咐、叮咛和期望，期望他们信心十足地面对一切挑战，期望他们成功、成才。听到学生表示："有很多提示语能够减轻我们的心理压力，能调节因面临考试带来的紧张情绪，能使我们的心态积极平和，从容面对考试。"每听此言，我格外欣慰和感动："有用就好，有利于你们的发挥就好"。

一开始我只是在本班写这样的考前提示语，其他班的孩子看到后，也纷纷邀请我帮他们写，我一一应允，所以，每到考前我总是最忙的一个。

"送人玫瑰，手留余香"，寄语学生，收获心香。我喜欢这样一直书写下去。

黑板提示语基本上占满整块黑板，"上顶天下立地，左右挤满"，再稍画些"花边"修饰，即成为一块考试黑板报。前后黑板都写上，异常工整醒目，学生抬头即可看见，印入他们的脑海里。暗示的力量是无穷的，长期的积极心理暗示可以营造良好的考试心理环境，可以培养孩子们良好的心态。心态决定一切！成绩也因此更加优秀。

写满字的黑板是美丽的！写满叮嘱、寄语的黑板是温馨的！

江苏省徐州市贾汪区紫庄镇新吴窑小学　马志响

9. 让故事说话

班主任教育学生，采用讲故事的方式有时更能感动学生，有春风化雨、润物无声之效，教育效果事半功倍。我有一个剪贴本，专门收集读到的哲理故事，在网络上看到的故事我也会打印出来装订成册，经常翻看，时间长了，故事便信手拈来。

期末考试复习期间的一次经历，让我感受到了故事对学生产生的积极影响。临近考试，面对大量的作业和试卷，有学生小声抱怨："为什么我们非要学习这些没用的东西呢？"大家都随声附和。面对学生的抱怨，我没有高声呵斥，也没有讲大道理，而是将《鹅卵石与钻石》的故事娓娓道来：一群牧民在神的指点下拣拾了一些鹅卵石。对于神吩咐他们做的这件事，起初他们很是不满，没想到第二天鹅卵石竟然变成了钻石，他们在高兴的同时，也后悔当时没有拣拾更多的鹅卵石。故事蕴涵的道理不言而喻，学生听后会心一笑，马上投入到紧张的复习中了。

针对教室地面上的废纸没人主动捡起来，我给学生讲了《应聘》这个故事：一家著名的企业公开招聘管理人才，应聘者不乏博士、硕士生等高学历者，但是，企业老总却选中了一个专科毕业生。有人问老总："为什么你要选那位学历不占优势的应聘者呢？"老总说："因为他在走廊上随手捡起一张废纸，一个有好习惯的员工，就是一座金矿。"学生听了，都羞愧地低下了头。从此，无论我何时走进教室，地面都是干干净净的。

班里有的学生因为痴迷电脑游戏而放松了学业，忘记了学习目标，针对这种情况，不妨给他们讲《土拨鼠哪去了》的故事，警示学生：人生的路很长很长，既有奇花异草的诱惑，又有重峦叠嶂的阻挡，一定要常常提醒自己——土拨鼠哪去了，不要忘记自己最初追求的人生目标，不要迷失了方向。

我抓住每一个教育契机，在恰当的时候给学生讲恰当的故事，当学生中出现值日推诿、推卸责任的现象时，讲《吃亏与吃面》的故事；当学生缺乏毅力时，不妨讲述《你为什么是穷人》的故事；学生对学习没有信心时，讲述《每次直追前一名》的故事；当学生学习不得法时，讲述《博士后与农民工的区别》；当班里吵闹不休的时候，我讲了《多话的乌龟》，孩子们听后，认识到了多话的危害，谁也不愿意当那只多话的小乌龟……

以讲故事的方式代替说教，孩子们更容易接受。这样做不仅丰富了学生的课外知识，还促使我不断学习，可以说是一举多得。在我的一个个故事的引导下，孩子们健康地成长，快乐地学习，我们班成为有纪律、有特色、有成绩、德智体美全面发展的优秀班集体。

山东省潍坊市高新区实验学校　刘彩霞

10. 小故事，巧教育

融开满河冰冻的是温柔的春风，润绿遍野荒原的是无声的春雨，解却心中愁绪的是善良的微笑，时刻让我们的心湖蓄满爱心、温情与微笑，洒向世间的定是缕缕明媚的阳光。其实，班主任的工作又何尝不是这样呢？

高年级学生随着年龄的增长，随着生理发育的急剧变化，青春心理的萌动，他们不再像低、中年级时那么乖顺、听话，而是变得急躁、冲动、易感情用事，常常自认为长大了，什么事都应自己拿主意；自我意识强，逆反心理强，极其厌烦老师、家长对他们的长篇大论的说教，更厌恶别人对他们的指责。他们逐渐突破束缚，开始体验与感受一些新的东西，他们开始试图自己处理自己的事务，希望独立尝试一切。但由于他们在经济、生活、情感、学习等方面，仍然要依赖父母和老师，不能自由地支配自己的时间、行为、生活，这就构成了他们内心的矛盾和冲突状态。这种时候，老师、家长若不善于抓住学生的心理特征，仍旧一味批评与说教，高年级学生的思想与行为不但得不到纠正，反而会走向另一个极端。那么，如何对他们进行教育？如何引导他们树立正确的人生观与道德观？这是困扰我们的一个难题。

父母在孩子幼年时常常给孩子讲各种童话、寓言故事，目的无非引导孩子学会做人，明事理，辨真假，识善恶。我想，故事不仅属于幼年、童年，更应属于每个人一生中的任何时期。对于学生的错误、不良习惯，我常常讲述内容鲜活的故事，效果比采用空洞的说教或体罚的方式教育学生要好得多。

一、以故事为镜，启迪学生的心灵

故事包含的深刻道理，能引起人们的思考，让人们领会学习和生活的智慧。故事就像一把钥匙，开启学生的心灵，扫除他们心灵的阴霾，触动他们的心，透视他们的内心，扭转他们对学习和生活的看法。

对高年级学生的教育是一项复杂的工作，发挥故事的教育感化作用只是其中的一个方面，但作用是不可低估的。课堂上常常是教师讲台上讲，学生底下窃窃私语，苦口婆心的说教、严词犀利的批评，都收效甚微。针对这样的情况，我给学生讲了一个故事：

> 四个小和尚想拜一个得道高僧为师，高僧说通过"禁口"考试即可收为徒弟。"禁口"就是通过一个地道，从走进去到走出来都不许说一句话。四人都认为很容易做到，当他们快从地道走出来的时候，一阵风吹灭了手中的蜡烛，第一个人很惊慌，脱口而出："呀，灭了！"第二个人拽了他的衣服，提醒道："师父不让说话！"第三个人随手给了第二个人一巴掌："不让说话你还说！"第四个人泰然自若地来了一句："我反正什么也没说。"最后，四人因违规都未被录取。

学生听后先是忍俊不禁，接着，我问学生们明白了什么，有的学生说是"遵守纪律的重要性"，有的学生说是"明白了遵守纪律要从自己做起，要从小事做起"。最后我问："你们当中有人有过小和尚的可笑行为吗？"学生们马上明白了我的用意。从此，那些课堂上爱说话的同学一想起四个小和尚的故事，就闭口不言，课堂纪律好了很多。

开学伊始，班级的日常卫生成了问题。起初学生还能按时打扫，但陆陆续续，他们的劳动积极性越来越低，后来总想着如何应付，敷衍了事。批评、班会讨论、罚扫统统不管用。于是，我给学生讲了一个故事：

有两个资历相当的年轻人同时进了一家公司，几年后，一个平步青云，一个在原地踏步。原地踏步者很不服气，就去质问公司的领导：我们俩程度差不多，为什么他能平步青云，而我却原地踏步？领导没有解释什么，只是说：你去市场看看有没有土豆卖，一会儿这个人回来了，说市场上有个老人在卖土豆，领导问：多少钱一斤？他又跑了一趟市场打听，回来说：五角钱一斤。领导又问：有没有卖西红柿的？他又跑了一趟市场后回答：有。领导说：你坐这儿，看看别人怎么做。之后，领导叫来平步青云者，给他安排了同样的任务。该人回来后告诉领导：市场上有卖土豆的，五毛钱一斤，我还拿了几个样品，您看公司需要不需要，买土豆的老头就在楼下等着。原地踏步者听后羞得无地自容。

故事讲完了，我问大家：有什么感想？你们愿意做两者之中的哪一个？没有人吭声。我又说，从班上打扫卫生的情况看，大家目前的表现比这位原地踏步者还差，希望大家能从这个故事中得到一些启发，积极主动地对待每件事，不仅仅是打扫卫生，学习也应该如此。从后来的表现来看，学生还是有所触动，尤其是在打扫卫生方面，比以前认真多了。

二、以故事入境，避免直接对抗

故事能够以一些新的角度阐明我们要表达的观念，使抽象的道理具体化、形象化。给学生讲故事有一定的目的性和针对性，故事内容和学生存在的不足有关，需要引导学生通过故事来对比自己，进行自我反省。讲故事时学生一般会边听边反省自己，无暇与老师产生心理对抗和逆反心理。因为故事本身的趣味性、娱乐性正迎合了学生的心理特点。

前苏联教育家苏霍姆林斯基总是用一个个故事来对学生进行循循善诱的教育。他把运用民间童话故事作为自己学校教育的方法之一，并且收到了良好的效果。例如，他在教育一个固执的学生时就讲了这样一个故事：

古代有个公主,又哭又闹地非要皇上给她一串露珠做成的项链。皇上很为难,只好颁令天下:"如果工匠们不能把露珠串成项链,就把他们全部杀掉。"为了这件事,工匠们个个愁眉苦脸。有一天早晨,一位老人来到皇宫,说他可以完成这个任务。皇上立刻把公主叫来。老人对公主说:"尊贵的公主,你带我到御花园看看,好好挑几颗漂亮的露珠,然后咱们串成项链。"公主非常高兴,就与老人一起来到御花园,并指着一颗最大最漂亮的露珠说:"来!先要这颗!"老人说:"那好,请公主先把它拿给我!"公主听了,立刻伸手去拿,可是,无论她多么努力,也未能把圆滚滚的露珠拿起来。此时,老人对公主说:"孩子,这回你明白了吧,露珠是拿不起来的!无论它多么漂亮,太阳一晒,就会悄悄地消失了,即使工匠们能把它串成项链,可太阳一出来,也只剩下一根串珠子用的线绳了。"消息传开,皇帝大喜,对老人说:"你三言两语就把一个娇孩子说服了,你的智慧比露珠还晶莹!"并封他为智慧老人!

老人把这么骄横倔强的公主都说服了,可见,有智慧的老师用讲故事的方法,一定也能教育好那些固执、倔强的学生。

高年级学生的一些道德知识、道德原则的建构,不能生硬地灌输,要给学生一个生动的问题情境,以小故事、小案例为依托,让他们在轻松的气氛中用自己的认知结构吸收道德知识,从而不断提高思想水平。比如,发现有同学在劳动中斤斤计较多干还是少干的问题,我讲了《兔子不吃窝边草》的故事:

在一片青草地里,两只小兔子面对面住着,窝前都有茂密的青草,它们的妈妈反复叮嘱:"无论如何,都不要吃窝边的草。一定要到很远的地方去觅食!"一个寒风凛冽的晚上,这两只兔子饿了,心里想:"妈妈告诉我不要吃窝边草,可是,这么冷的天气谁受得了啊!我干脆吃对面小兔子的窝边草,应该没什么大事。"两只小兔子慢慢悠悠地走出了窝,将对方窝外又高又粗的草吃得一干二净,然后回到窝里舒舒服服地睡大觉去了。第二天，它们发现有一群饥饿的恶狼正向自己的窝慢慢走来。狼走到窝边轻蔑地说："兔子，可怜的兔子，不要吃窝边草。在你们没吃窝边草之前，我是不知道这里有兔子的，现在你们吃了窝边草，就说明里面有兔子，你们是两只愚蠢的兔子，今天有兔肉可吃了！"两只兔子后悔莫及，可一切都来不及了。

听了这则故事，学生们马上明白做人不能太自私，光想自己的利益是会像那两只兔子一样被狼吃掉的。从此，他们在处理事情时有了顾全大局的胸怀，这让我十分欣慰。

三、以故事布景，注重教育实效

爱听美妙的故事是儿童的天性，当空洞乏味的说教激不起孩子的兴趣时，当机械单调的灌输不能触动孩子的心灵时，不妨以精彩的故事作为教育风景，用故事调节气氛，让故事鼓舞士气，以故事促进思考，借故事减轻压力，放松心情。当然，并不是说故事讲得越多越好，而是要注重教育的实效性。有时我和孩子们聊天时，问他们会记着老师讲的哪些故事，大多数孩子会说像这样的小故事使他们印象深刻：

从前，有一个脾气很坏的男孩，他的父亲给了他一袋钉子，告诉他每次发脾气或与人吵架的时候就在院子的篱笆墙上钉一根。第一天，男孩钉了37根钉子；后来几天他学会了控制自己的脾气，每天钉的钉子也逐渐变少；后来他发现控制自己的脾气比钉钉子更容易。终于有一天，他一根钉子都没钉，他高兴地把这件事告诉了父亲，父亲说："从今以后如果你一整天都没有发脾气，就可以在这天拔出一根钉子。"日子一天天过去，钉子被拔光了，父亲带他来到篱笆墙边，对他说："儿子，你做得很好，可是，看看篱笆墙上的钉子洞，这些洞永远都不可能恢复了。就像你和一个人吵架，说了些难听的话，你就在他的心里留下一个伤口，就像插一把刀子在一个人的身体里，再拔出来，伤口就难以愈合了。无论你怎样道歉，伤口总在那儿。要知道，身体上的伤口和心灵上的伤口一样，都难以恢复。"

原来，孩子们喜欢的是故事里闪烁着的丰富的人生智慧，以及智慧闪现之后的心情舒畅，这使他们在淡淡的哲思中获得感悟和真知，也使得我们的教育充满人情味。

故事不仅学生爱听，而且易激起学生思想的共鸣，滋润学生的心灵，达到"润物细无声"的教育效果。故事教育法在实施过程中如何确保有效性呢？首先，要注重讲故事的时机。讲故事要在事件发生后或现象开始上扬并且造成一定后果时。其次，要注重故事内容的针对性。讲故事必须针对所发生的事件，要有教育意义，使学生能够从中明白道理。再次，要注重故事内容的延伸性。教师讲完故事后，必须引导学生去思考、感悟，进一步了解故事蕴涵的道理，使之内化为学生自己的行为准则。

福建省福州市中山小学　卓明星

第二辑　好创意激发无限潜能

善于激励、唤醒和鼓舞不仅是教学的艺术，也是班主任工作的艺术。一个个独具特色的创意，激发了学生的自信心，调动了学生学习的激情，满足了不同学生展示自我才能的欲望，并成为挖掘自身潜力的动力和源泉，对于促进学生良好行为习惯和优秀品格的养成，起到了积极的推动作用。

1. 我们班的"专家指导"

我们在班级的宣传栏里开辟了一个小栏目"专家指导"。设立这个栏目源于班级中午的社团活动。学校每天中午从 12:15 到 12:45 这半个小时，是孩子们参加社团活动的时间。当时我们班的孩子们刚上三年级，我原先以为一经号召，孩子们会立即成立各式各样的社团，如"我是轮滑小健将""小小舞蹈家""我是小百灵"等。但我错了！这些孩子不善于自我表现，只有体育社团由于是户外活动，有近十个人参加。孩子们中午更愿意跑跑跳跳，他们觉得这样很快乐。困惑之余，我由墙上的值日生表联想到，能不能把每个孩子的特长统计一下，将其更好地发挥出来呢？

现在的孩子，每个人都在外面报了几个特长班，如果把孩子们的所学合起来，那简直是十八般武艺样样俱全。于是，我发了一张表格给孩子，要求他们确认两三项他们感兴趣的、擅长的且愿意帮助他人学会的本领。并让他们知道这些本领可以涉及各个领域，如轮滑、毛笔字、唱歌、编织毛线、吹葫芦丝、篮球、写字、朗读、吹笛子、相声、小品等，自己有哪些方面的特长，就是哪方面的专家。孩子们禁不住"专家"这一响亮称号的诱惑，在我的诱导下纷纷"上钩"。我将表格收上来，打印出一张"技能表"，把确认自己是哪个领域的"专家"的学生名字填到相应的表格里，再把这张"专家名单"打印出来张贴在墙上，设立"专家指导"栏。为了让学生更好地了解别人和自己的特长，我把名单发给每个学生，这既为组建各种社团提供了依据，又让大家知道了每个人可以提供哪些帮助。我让每个学生至少有一个方面被列为"专家"。怕学生不好意思,我给他们做示范,我走到一位"数学专家"面前:"数学专家刘先生,这道应用题我怎么也找不到其中的关系,能不能请您帮助指导一下?""编织专家谢女士,你织的围巾那么漂亮,我织的这条围巾正、反针总出错,能不能请你传授一下诀窍?"学生们看了我的示范,领悟到只要文明、真诚地向别人求教就会得到真心的指导。被冠以"专家"称号的同学,内心得到极大的满足,又怎么好拂了同学实意的请教呢?学生不仅自信心大大地增强了,为了保住自己的"专家"地位,很多学生在这些方面更刻苦了,更努力了。

作为某一领域的专家了,定要承担以下职责:帮助、解疑、示范、引领、为同学提供指导。换句话说,只要是这一领域相关的内容,你若感兴趣,都可以与这些专家商讨、切磋,相互提高。

第一,自由组建,招兵买马。

由各个领域的"专家"集体商讨,选出本领域的"首席专家",由"首席专家"和几个"专家"带头组建社团,其他对此项感兴趣的同学到团长处报名申请加入,得到批准后,就是正式团员了。所以,每个社团内的人员,既有几个是该领域"专家",又有几个是对此项活动感兴趣的人员。人员一经确定,短期内最好不要变动。

第二,群策群力,制定目标。

"首席专家"作为社团的团长,履行团长的义务和职责责无旁贷。他们在一次活动之前,要带领团员们共同制定社团的活动计划:(1)本学期的活动内容,具体到每个月每周要做什么,如"篮球小将"第一周要先学会运球跑,第二周要学会起跳,第三周要手脚合一,第四周要保证上篮的准确率,等等,使活动有计划性。(2)活动时间安排。(3)本社团活动打算何时、何地、以何种方式展示,等等。

第三:专家引领,榜样示范。

在专家的引领下,各社团按照计划有条不紊地开展活动。有团员遇到了问题,本团其他人都会给予认真的帮助。但这些帮助不只局限在社团内。班级中的所有同学都可以向这些专家请教，并会得到帮助。

第四：汇报展示，专家点评。

每两个月举行一次汇报，由所有的首席专家组成评审组进行点评。本着共同提高的目的，专家也可以和社团成员共同展示。评选出"最优秀社团""最具魅力社团""最有人气社团""最佳指导奖""最刻苦团员""最多才多艺团员"等等。

第五，定期更新，优势互补。

汇报展示后，同学们根据自己的情况，可以重新选择社团，选择新的"首席专家"。这样可以让孩子的才能得到多方面的展示，也可以让孩子参加更多的社团活动。于是，我们班的社团活动有声有色地开展起来。

当然，各个专家领导的社团不是孤立的，在遇到大的活动时，会紧紧地团结在一起。在这些专家的指导下，我们班的社团节目"清澈的湖水"集合了舞蹈专家、歌唱专家、朗诵专家、表演专家、手工制作专家等的智慧，在"六一"儿童节展演中，获得了全校师生的一致好评。为了让我们班的专家发挥更大的作用，我们还把"专家名单"送给一年级的对应班，他们有需要时可以直接来我们班寻求专家帮助。专家们开心，因为又多了一个展现自己的舞台；低年级的老师舒心，因为可以喘口气休息一下了；低年级的孩子更开心，因为他们不用出校门就可以得到"专家"指导了！

就这样，"专家指导"何乐而不为呢！

山东省威海市塔山小学　刘雪晶

2. "我能"收获盒

走进我们班,很多人都会被窗台上色彩鲜艳的小盒子吸引。这些可爱的小盒子属于全班64个孩子,是每个孩子心中的宝贝,是孩子们生命成长的记录。我和孩子们都亲切地称它们为"我能"收获盒。

"我能"收获盒源于社团活动的开展。动员孩子们参加班级的社团活动时,我要求班上的每个孩子都要参加其中的一个,因为这些社团内容多种多样、丰富多彩。有的孩子甚至想每个都参加,也有些孩子什么也不想参加,认为自己什么也不会,还不如自己玩。如果听之任之,他们就会游离于班集体之外,同时对自己的能力缺乏信心。于是,我决定从提高孩子的自信心着手,从认识自我开始做起,让每个孩子都参与进来。

班会上,我细心地为孩子讲解了要做的准备。要求每人准备一个干净的盒子,形状不限,不要太大也不要太小,盒盖上一定要留出一个窄空,能放进纸条。对于盒子的外观,我建议他们用自己最喜欢的方式进行装饰:可以给盒子穿上漂亮的外衣,可以画上自己最喜欢的画,可以写上自己喜爱的名言,可以写上自己远大的理想……除了体现自己的与众不同,还要有个醒目的标题"我能",这就是自己独一无二的"我能"收获盒。做好的盒子按小组被放在窗台上,这些造型各异、色彩亮丽的盒子成为窗台上一道亮丽的风景线。

每天傍晚放学前的时间,学生会拿出"每日30字"的64开纸(每日30字的纸是学校统一印制,给学生练字用的。因为纸张有剩余,练字用不了,这里是借用一下），用最规范、最工整的字写下自己一天的收获：自己今天最骄傲的一件事，今天学到的新知识，今天在课堂上的精彩发言，老师对自己某一方面的表扬和鼓励，与昨天相比自己有了哪些进步，课堂上做题做对了几道，探究问题时自己有了什么发现，自己给了同学哪些帮助，体育课上自己学到了什么新技能，手工课上学会做什么了……只要是孩子自己努力做的事情，都可以写下来。

尽管规定了内容，但刚开始时还是有孩子感到没有什么事情可写，为此，我又进行精心引导：这不是要写出你与众不同的地方，而是要与昨天的自己相比，只要觉得自己在昨天的基础上有了进步，学会了新的知识或本领，哪怕是最微小的进步都可以。再与班级里的几个孩子交谈，说出老师观察到的他们进步的方面，特别是他们自己都没有注意到的地方，让他们写出来。在全班学生都写完之后让他们读一下，引导孩子学会观察和总结。

慢慢地，孩子们习惯了进行自我总结，自我反思："今天的数学课上，做了5道应用题，我全都做对了，我很了不起吧？我会继续努力的哟！""今天的语文课上，我给大家做了范读，赢得了大家的掌声。""今天的音乐课上，我的同桌一直唱不准，我轻声地教给他，后来，他终于学会了。我们俩都很开心！""社团活动中，我们排练《巨人的花园》，我演的巨人比昨天表达流利了一些，有感情了一些，同学们都说我有进步了。""课间操回教室后，我发现黑板没有擦，我悄悄地擦了，很开心！""今天的英语课上，我没有走神，很努力地认真地参与。"

每个月的月底，我都会拿出一节品德课让孩子们打开"我能"收获盒，默读这些纸条。然后，引导全班讨论过去一个月中他们的收获。当然，这些收获是多方面的，有学到了哪些知识、养成了哪些好习惯、做了哪些好事……默读这些纸条，是引导孩子们回顾自己一个月来的表现，让良好的、积极的、健康向上的风气在全班逐渐形成。孩子们比的是谁的"我能"收获盒中又有了更精彩的内容，班级上也形成了"你能我也能"的良好竞争氛围，增加了所有学生的内在动机。我还要求各小组同学一起分享自己的收获，由小组同学给予评价，提出今后还可以努力的方向。来自小伙伴口中的评价，会让他们更好地找到自己的不足，从而有了前进的目标。还有孩子和好朋友互相交换纸条，和好朋友一起分享自己的快乐。有的学生看到自己的好朋友有了与自己不同的收获，会在心里暗暗下决心也要努力做好，在下个月分享"我能"收获盒时，力争让自己的盒中内容更精彩，也让小伙伴羡慕。当然，盒中的内容要求一定要是真实的。

每学期的期中考试后，我们都有一次课堂开放活动，然后是家长会。家长和孩子共同上完课后，我们的"我能"收获盒又到了大放异彩的时候了。孩子们把这两个多月的收获拿出来，满心欢喜地和家长一起读，一起享受这个收获的过程。这时，孩子的表情是激动的，家长的目光是欣慰的，这是我们最幸福的时刻。盒子满了，我会让孩子拿出来，用装订机帮他们订成一本一本的，以方便保存，再放进孩子的成长档案袋里，成为他们人生道路上的终生财富。

现在，我们班的孩子遇到事情时，第一个想到的是"我能"，而不是这个事情有多么难做。你遇到了困难？别着急，让我来帮助你，我们一起来做，我们一定能做好！班级的各项工作开展起来也更加得心应手。有了这么一群能人在，班级不优秀才怪呢！

山东省威海市塔山小学　刘雪晶

3. 班级"奥斯卡"

奥斯卡颁奖典礼是全世界为之瞩目的精神盛宴，我们班的"奥斯卡"指的是班级中让孩子们期待的各项奖励，涉及每件事、每个人，是班级文化建设和校园学习常态。

一直坚信"好孩子是夸出来的"，鼓励，一定是促进孩子成长的最大动力，但如何让鼓励变得有价值，让孩子从中汲取进步的力量，却是我一直苦恼的事。偶然间看到一篇文章，介绍国外学校举办的各种节日：捡树叶节、跳绳节、装扮小丑节、童话阅读节、做家务节、单腿行走节，各式各样的节日几乎占满了校园生活的每一周、每一天，孩子们的校园生活在一个个节日中度过，他们也在一次次欢庆的气氛中成长。也许这些节日在我们看来是微不足道、小题大做，而且，与我们校园生活中的种种节日相比，它们似乎与"教育"无关，甚至有些背道而驰。我却分明感觉到：这正是儿童的需要。儿童需要的是快乐、运动、角色扮演，用他们自有的方式认识世界、探索世界，用童心感受生活、理解生活，这不正是儿童教育的真谛吗？儿童时代不能在说教中度过，不可能在一个个"庄严""隆重"的仪式中去积淀道德，不可能在无休止的教化中滋长灵性。

于是，我在班上创设了各种各样的奖励。先以我的习作教学为例。指导孩子写想象作文，谁的想象离奇，就获得"JK 罗琳奖"。一来借此机会认识一下世界名人，二来引导孩子阅读《哈利·波特》系列，三来让孩子有一种很确切的满足感、自豪感。指导写散文，就设个"朱自清奖"；写小剧本，就设个"莎士比亚奖";写童话,就设个"安徒生奖"。每次评价都像颁奖现场:由教师选定的孩子朗读,请需要比拼的孩子自由加入,最后全班投票,得奖者述说感言,我提供书本或是我的硬笔书法作品为奖品。就这样,孩子们自信满满地参与习作写作活动。此外,如果孩子发言有理有据,就评他为"最佳辩手";孩子为大家倾情朗诵,就评他为"小赵忠祥";孩子交上字迹漂亮的作业,授予他"小王羲之"的称号;一个学期下来,语文书本保护得好,也会被称为"护书卫士"。事无巨细,皆能成为鼓励孩子的机会,时间久了,孩子习惯于发现"美",自然也学会了赞美。他们不待教师鼓励,也能很自然地发现同伴的优势、特长,几乎每个孩子都能在集体中占有一席之地,能在同伴中有被欣赏之处。这样的"颁奖盛宴"变得既热烈又常见,让人期待,令人欣喜,且深植学生的记忆之中。

如果您和我一样担任班主任,这些花样繁多的"奥斯卡"也可成为班级文化建设和管理的常规。地面纸片的"发现冠军"、桌椅摆放的"墨线达人"、佩戴红领巾"终年不忘奖"、黑板保洁大使、讲台保洁大王、广播操王子、路队排头兵……只要你想得到的,都可以成为奖励孩子的机会。

我们的教育对象是儿童,特别是在集体生活中,儿童更需要被关注和鼓励。而这些缘于真实校园生活的鼓励符合其天性,能触及其心灵。儿童不需要假装做出些好事以引人关注,不需要务必朝"德智体美劳全面发展"的目标前进。儿童在学校期间需要养成的道德品质中最为珍贵、最为核心的,就是"保持童真",而不是出人头地,不是获得傲视同龄人的资本。

给予孩子鼓励吧,随时随地,不分大小,让属于孩子的"奥斯卡"长盛不衰!

福建省福州教育学院第一附属小学　胡元华

4. 博客勋章

曾经，我带过一个中职学校计算机专业的班级，学生对计算机的热情之高，超出了我的预料。我在高兴之余也有忧虑，他们会不会在学习专业的同时搞一些"旁门左道"呢？

事实证明，我的担心不无道理。不久，我就接到一位家长的电话，向我反映了一个非常重要的情况：他的孩子经常以学习为名，抱着电脑不放。据他观察，大多数时间他的孩子都是在玩一种网络游戏，他很苦恼，建议学校帮助管教一下。之后，这样的呼声此起彼伏。

我意识到了问题的严重性。可我又想，对于十六七岁的孩子来说，一刀切禁止效果不会太好，弄不好，还会让有的孩子破罐子破摔。考虑再三，我决定将计就计，利用他们的专业和他们对计算机的热情，引导他们走上正路。

我给我的这次行动命名为"博客勋章"。

首先，我把班里的学生分成7个小组，每个小组6~7人。分好小组后，由小组成员根据自己的喜好和小组特点，商定一个小组名称。然后，各个小组就用这个商定好的名称在校园网上注册一个博客。博客内容可以有个人感悟、专业知识、课余活动等板块，具体的栏目名称由各小组自己确定。博客各栏目的具体内容可以来源于网络、书籍，也可以自己创作，但各小组的博客内容不能雷同。

每个小组设博客超级管理员一名，其余小组成员均为管理员。在超级管理员的分配下，各组每天都有组员执勤，以便及时更新博客内容和反馈来访信息。

　　以上这些准备工作结束之后，我们的"博客勋章"便步入正轨了。博客建好之后，我们约请几位老师定期访问，同时在校园里大力宣传。虽然博客内容还暴露出学生的稚嫩，但作为一个新生事物，也在校园里流行起来了。在学期结束的时候，我们请一部分老师和同学担任评委，在我们的博客中评定出前三名，分别发给奖章和一些书籍作为鼓励。

　　自从"博客勋章"活动开展以来，从家长们的口中得知，他们的孩子玩游戏的少了。我还记得，有几个爱好文学的同学写的散文还登上了校园广播，在校园里流传一时。当广播员用甜美的声音诵读他们的文章时，心情激动的不只是他们自己，还有我这个幕后策划者。我还记得那几个"网虫"把自己搜索到的计算机小知识上传到博客上，供同学们交流使用，得到同学们的好评，他们的脸上也挂上了羞涩的微笑。

　　班里的游戏之风压下去之后，学习的风气高涨起来了。我想，我的"博客勋章"不仅可以在计算机专业流行，也可以扩展到其他专业去。

河北省唐山市丰南区农业技术高级中学　李晓燕

5. "小鬼头轮番当家"
——男女互夺擂主

伴随着春的脚步,我们又满怀喜悦地迎来了一个崭新的学期。别看和这群宝贝儿才一个多月不见,他们不仅个头儿长高了不少,也变得乖巧了不少,尤其和我这个班妈特亲。不过,接触了一个多学期,我也发现班上的孩子有一个非常显著的特点:典型的女强男弱。女孩子之中落落大方、精明强干者大有人在,反倒是男孩子羞羞答答,做事有些畏首畏尾,很是放不开。怎样才能改变这一现状,使男女生能力不相伯仲,平分秋色呢?思来想去,一个大胆的想法涌上了心头:何不让小鬼头们"轮番当家",男女生比着干,这样,男女生不仅都得到了锻炼,而且不知不觉中男孩子们在与女孩子们的竞争中性格也悄然改变了。对,说干就干!

虽然说干就干,可是我一贯的原则是:一不搞一言堂,二不可蛮干,要思路清晰,配套措施得利,一切准备成熟,再开始行动。我决定在举行"男女抢擂,争当擂主"活动之前,先开始做动员工作。我的想法一说出,立刻在班上炸开了锅,看得出孩子们特别惊喜,都想即刻组建好自己的队伍,走马上任,不让对方小瞧自己。于是齐望着我,等待宣读男女各组班委会成员名单。可是,我冲孩子们一笑:"孩子们,你们的队伍要靠你们自己来选领导人,我只为双方加油。你们还是先选出核心领导,再各自商量队伍如何组建吧。"于是,孩子们分别选出他们的核心领导人,再由各自的核心领导人与各自所在队伍中的成员商榷班委会成员的组成。这样一放手,孩子们更是兴奋不已。我则摇身一变,成了幕后高参,给男女生提供参考意见并且为他们鼓励。这样一来，孩子们不仅在组建队伍的过程中锻炼了自己，而且还团结了队伍内部力量。

为防止男女生走马上任后有个别孩子给对方拆台，我又专门找时间对孩子们进行了教育，鼓励孩子们互相支持，班级共同进步，切忌搞分裂，且巧妙利用已经出台的"榜上有名"每日星级评比来约束每一个孩子。因为星级评比不仅关系到自己的荣誉，而且为自己所在的队伍胜出积蓄了资本，所以，孩子们不但不会有意为难对方，同时互相邀请对方加盟，以增进团结。

队伍组建好公示前，我又进行把关，对班干部晓之以理，以使他们能真正依据成员的特长安排职务，并且请每支队伍向全班同学畅谈自己的工作设想。之后我们采取抽签的形式确定哪一小组最先"当家"。

不过，对于"当家"时间我们也进行了特别界定，每次先"当家"一周，到周末由主要负责人进行工作总结。如果在"当家"期一切活动顺利，班级状态良好，并在周五总结后得到大家的一致认可，则可以继任，如果状态欠佳且遭到将近半数的同学反对，则由另一方"当家"。

让男女生轮流执政，主要基于以下考虑：第一，改变现状，让男孩子遇事能放开手脚，多一点阳刚之气；第二，让更多的孩子加入到班干部队伍中，为更多的孩子尤其那些中等生提供更多锻炼自我、展示自己的机会。最后我们还有一项特别补充：如果某一队伍中的成员严重违纪，不具备为大家服务的资格，经大家民主测评可以撤换。

当然，每一项新政的出台，都要经历一个日趋成熟、完善的过程，希望我的宝贝儿们各显风采，不断勇敢地来打擂，以此收获自己成长的快乐！

河北省唐山市开平区郑庄子镇安各庄小学　曹建英

6. 朗读自己的名言

我们班的晨读课有一项雷打不动的活动,那就是每天都有一位同学把自己的"名言"写在黑板上,带领全班同学大声朗读,直到完全记住为止。在这一过程中,我既看到了领读者的自豪和神气,更感觉到了全班同学的自信和积极向上的心态。为什么要朗读学生自己写的"名言"呢?请听我慢慢道来。

升入初二后的第一次月考,我们班的成绩较差,考试结束好几天了,孩子们仍旧愁眉苦脸,一个个像霜打的茄子,上课提不起精神来;还有的学生开始自暴自弃,上课睡觉、看小说、玩手机等坏毛病屡禁不止,作为班主任,我是看在眼里,急在心里。如何转变学生自卑的情绪,调动他们的积极性,让他们勇敢地面对失败,努力进取呢?那些天我一直在思考这个问题。我找班干部和任课老师商量对策,他们都说,班级出现目前这种现象,主要是月考失利让同学们受到了沉重打击,现在最关键的就是想方设法提高同学们的自信心,让同学们走出失利的阴影。明白了问题的所在,我决定在主题班会上拿出"杀手锏",带领孩子们走出阴霾。

我把班会课的主题定为"展现最好的自己"。班会课上,我先播放了郑智化的《水手》,激昂的乐曲和旋律让孩子们一时忘记了痛苦和失败。在音乐的感动下,同学们随着郑智化的歌声一起大声唱:"他说风雨中这点痛算什么,擦干泪不要怕至少我们还有梦,他说风雨中这点痛算什么,擦干泪不要问为什么。"看到学生们的自信心开始恢复,我感到由衷高兴,决定继续实施我的班级锻造计划:

第一步，以小组为单位用"自"这个字组词，评选出组词最多的小组，时间为5分钟。一听说是最简单的组词游戏，孩子们都围着自己的组长摩拳擦掌，纷纷拿出看家本事。5分钟后，结果出来了，二组最多，共组了33个词语，他们获得了最佳合作小组的荣誉称号。当然，最少的组也组了18个词。

第二步，各小组选出一名同学，找出本小组所组的含义积极向上的词语。在各组的诵读声音里，我听到了"自尊""自爱""自信""自强"之类的词语，这些正是我需要的。

第三步，让全班同学分别用上述五个词语造句，时间为10分钟。10分钟后，我让孩子们先在小组里一一展示自己造的句子，然后找出本小组写得比较好的句子写在黑板上，让全班同学共勉。一番忙碌之后，黑板上就出现了很多句子，如牟建迪写的："自信，是自尊的盟友；自强，是自信的表现；自爱，是自信的后盾。"谭亚丽写的："拥有自信，成就未来。自卑缺少阳光，敞开心扉，接受阳光。"王秉芝写的："一个人如果不自信，那么他注定要失败。一个人如果不自爱，那么他不能获得别人的尊重。自卑，会使我们丧失斗志，意志消沉。"这些句子简洁且含义深刻，代表了广大同学的心声，连我自己也没有料到学生会在短时间内写出如此优美的句子。

我灵机一动，平常让学生背诵名人名言，他们感到那些名人遥远而又陌生，为什么不让他们背诵自己写的"名言"呢，何况这些语句的教育意义也很深刻呀！于是，我让全班同学一起先找出写得比较好的句子，作为班级"名言"，然后要求他们每天把自己的"名言"抄在黑板上，带领全班同学朗读，以提高自己的"知名度"。

同学们看似在造句，实际上这是他们的心态不自觉的流露。从学生的造句中，我看出了许多学生通过这次班会自信心开始恢复，坚强的信念也在一步步形成。那次主题班会后，班级的纪律和学习气氛逐渐好转，我又看到了孩子们脸上露出的灿烂的笑容。

山东省潍坊市高新区实验学校　张森

7. 今天谁走进了老师的日记

这一节是我的课。迈着轻快的步伐进班，我带着一如既往的微笑，问学生："猜一猜昨天是谁走进了老师的日记？"

同学们一边猜测，一边笑着看向我，希望快点儿公布结果。我打开日记本，读给大家听："2012年4月26日，学校举行运动会，篮球比赛时，男生上场拼杀，全力以赴；女生呐喊助威，声震云霄。最终，我们班登上了冠军宝座，大家激动地在操场上奔跑、大笑，这是所有同学共同努力的结果……"同学们激动的情绪又一次被点燃，欢声雷动。

我一直有写日记的习惯，这几年，又在日记中开辟了一个新的板块——教育日记，并美其名曰"每天一朵学生花"。每天，至少有一位同学走进我的日记，成为我教育生涯中的一个定格。

我还会把这些记录以短信的形式发给学生的家长，并于第二天在上课前的几分钟读给学生听，效果很好。不过，要用好教育日记这件法宝，还是需要好好琢磨的。用好了，才能成为教育利器；用不好，倒不如不用。反思这几年用日记和学生交流的过程，我觉得有下面几点需要注意。

第一，日记记录的内容应该有很强的叙事性，少发议论，这样读起来才能引人入胜；应该多记录学生的言行，切忌成为老师抒发个人感情的空间；班主任大都时间宝贵，日记应短小简洁；注意捕捉美丽瞬间，不要记流水账；给学生读日记的时候，应该有真实的感情融在其中，那是师生之间早已形成的旋律，不能矫揉造作。比如，2012年1月10日，我的记录如下：午间作业的时候，小杰和小佳传递纸条，被我拦截，正欲晓之以理，但读来却发现是小杰劝小佳不要再迷恋QQ聊天，并说要把小佳每次考试的分数做好记录，以便督促其进步。小杰一直是我们班学习的领跑者，但她并没有脱离同学，愿意帮助大家进步，让我很感动。真真切切的事情、实实在在的感动，才会有心悦诚服的掌声。

　　第二，日记交流不要占用太多时间。一般情况下，如果是在班会日，我就把读日记时间放在班会前面。如果不是班会日，则放在自己的课堂的前几分钟。虽然占用了一些时间，但受到激励的同学们会用高效学习加以弥补。对此，我校通讯员曾以"刘老师的课前五分钟"为题写我班的日记体交流方式，发表在我市教育通讯上，获得好评。

　　第三，多和本班老师交流，以保证记录内容的典型和翔实，以免一叶障目。即使心里没有丝毫偏爱某些孩子的想法，但由于一个人的所见所闻是有限的，难免有无心之失。因此，可多向各位老师了解情况，及时收集反馈意见。比如，2012年3月22日，我记录的是体育老师向我说起的事情：体育老师组织一个武术队，准备"五一"的时候表演。中午集训时，小高迟到了，老师很生气。这时，只见小高从寝室里冲出来，笑眯眯地解释："来了，来了，别生气，别生气，俺不就睡一会儿吗，俺错了还不行吗？谁让俺感冒了呢？"听后体育老师笑了，小高同学的情商真高！小高因为各种原因平日很少获得表扬，读完日记，同学们都笑着望向他，他自己也流露出掩饰不住的快乐。

　　第四，尽量照顾到每一位同学。不宜多次记录同一位学生，以免孩子养成恃宠而骄的习惯，受表扬时有舍我其谁的感觉。有时，过度的关注其实是在给孩子树敌，要照顾到其他同学的心理感受。对于表现一直很好的同学，激励方式最好由公开转入地下，多用作业留言、小纸条、短信等你知我知的方法交流，把公开露脸的机会多留给有进步意愿的"学困生"和需要关注的孩子。比如，有一次晚自习，小扬同学询问二氧化碳的化学式，虽然是一个很简单的问题，但我立刻记录下来并向其家长报喜。从此，小扬见我就嘻嘻笑，叫："老师。"虽然并没有多余的话，但我知道这个孩子已经开始努力，离让妈妈骄傲的日子不远了。

教育日记弥补了我不善言辞的缺点，每个夜晚，我都会静静地回忆白天发生的一切，记录一位今天表现不错的同学，并思考给该同学的家长发短信时怎样措辞，以求和家长形成默契，达到最好的教育效果。

每次读日记，都是同学们精力最集中的时候，也是师生情感交流最融洽的时刻。它一方面激励孩子们好好表现，争取走进老师的日记，通过不懈的努力让自己快乐、让爸爸妈妈骄傲；另一方面还给了学生随手记录、感恩生活、宁静平和等方面的有益影响。

不久前，有一位同学问我："老师，你猜猜，今天哪位老师走进了我的日记？"我们相视而笑，而后眼眶湿润。这是班级管理之外的收获。

河南省项城市贾岭镇第一初级中学　刘亚琼

8. 欢乐树，伴成长

我们学校地处上海浦东新区的边远郊区，生源差，仅我们班就有近一半是外地借读生，这些学生学习态度马虎，求学心思各异。我发愁，怎么才能把这盘散沙变成一座精致的沙雕？种下的"欢乐树"结出的果实，让我看到了希望。

每个来到我们班的人，都会被墙上的一棵树吸引。它由彩纸拼贴而成，奇形怪状却绚烂夺目，孩子们一天天长大，它也"长"势喜人，一学年下来，它正欲突围出"雏鹰争章"板块的束缚，枝枝叶叶如藤蔓般向两边雪白的墙壁蔓延，我相信，有一天，它会"长"满整面墙壁。这棵树，是我们四（4）班的象征，而上面的每一条树枝，代表着我们班的每一位成员。

这棵奇异树是我们的 Happy Tree。开始，它差点只长两周就夭折了。本来我是打算让这棵树记录孩子们各学科的学习情况，以激发学生你追我赶的良好学习竞争意识。如背出英语每单元的课文，可以长一段树枝；默写获得 100 分，可以在树枝上贴一片绿叶；数学检查得高分了，可以挂一个果子；语文作文获好评了，可以贴朵美丽的花……可才执行了两周，我就发现不对劲了，整棵树有的地方枝繁叶茂，有的地方稀疏一片，那些树枝长势不好的孩子，一脸郁闷，落落寡欢。我感到了问题的严重性，现在的一切和我的初衷完全相反，我要的是激励，不是打击；要的是充满温情的心灵抚慰，不是简单粗暴的比拼；要让孩子感受到学习生活的快乐，而不是羞辱的滋味。

我及时叫停，把重点转向那些"学困生"，考虑如何让他们的校园生活过得更快乐，虽然学习成绩不理想，但他们也应该有值得骄傲的地方。

新的规则出台了，只要是优秀的、美的，都能上榜。上榜理由有以下几点：

1. 学习成绩进步快、表现好——添枝；

2. 平时的小练习完成质量好——加绿叶；

3. 学习成绩检测优秀——挂苹果；

4. 为班级、同学做贡献——挂香蕉。

小石，某次检测成绩虽不理想，但进步很大，添树枝，大家看到了小石的进步，小石也有了前进的信心。小汤本来作业拖拉，现在能连续一周按时完成作业，添树枝！看到自己的树枝上又长出新枝，小家伙的眼神亮晶晶的。小汉，生活在砖厂的外地生，以打架出名，因为完美地完成值日清扫工作，使班级得到一面卫生流动红旗，被同学们一致同意挂香蕉；高大的胖墩小乐，学习方面很吃力，但一直主动给班级换饮用水，是我们班的大力士，同学们给他挂上香蕉以示感谢，看到他少有的激动，我在心里暗自庆幸；小卓，帮助跌伤的同学拿饭，交作业，班里有事，一马当先，没说的，奖励……

五彩的奇异树不但闪耀着同学们的自信和亮点，给我们带来了欢乐，在这棵树的映照下，我们班也在悄悄发生着变化：孩子们慢慢把优秀内化成了无痕的自觉行为。小石在学习上的进步越来越大；小汤主动完成作业后进步飞快；小汉由劳动能手渐渐成了学习成绩的赶超能手，同学们一次次为他鼓起由衷的掌声。我还注意到：小乐在课间主动向同学请教问题；小新在尝过一次英语默写全对的甜果后，连休息时间也在念念有词……

最令我欣慰的，是学生之间的相互欣赏和帮助。每一个努力的学生都能得到同学们的尊敬和喜欢；胸怀渐渐开阔的他们能看到彼此的优点，宽容和接纳别人的弱点；良性竞争蔚然成风，班级成了大家温馨的港湾。班里的优秀学生越来越多，学生主动轮做班干部，强大的班级凝聚力自然产生，而且学习成绩可以和区里名校媲美。学校庆祝"六一"时，我们班一举拿下三个比赛第一；跳绳比赛失利，学生的懊恼和自责令我心疼，我劝慰学生：我们一起拼搏的过程、全班一心的精神状态，比赢得比赛更宝贵。

学期结束，早就跟我提前说过要转去惠南镇学校的学生小莉，兴冲冲地来到我的办公室："老师，告诉你一个好消息，我不转学了。"我一阵惊喜，她可是班里的一宝啊！我问："为什么呢？要听从父母的安排。"她一脸甜蜜的笑："我喜欢这个班级，我要看到欢乐树长得更高大。"

上海市浦东新区新港小学　毛丽红

9. 让孩子带着荣耀回家

喜欢听好话和接受赞美是人的天性之一，每个人都喜欢被别人赞美，且自尊心和荣誉感都会因他人的赞美而得到满足。赞美之于人心，犹如阳光之于万物。美国商界中，年薪最早超过 100 万美元的管理者叫查尔斯·斯科尔特。他在 1921 年被安德鲁·卡耐基选拔为新组建的美国钢铁公司的第一任总裁。斯科尔特说，他能够拿到这么多的年薪，是因为他知道跟别人相处的本领。他说："我认为，我那些能够使员工鼓舞起来的能力，是我拥有的最大的资产。而能够让一个人发挥出最大能力的方法就是鼓励和赞美。"美国"化妆品皇后"玫琳·凯的成功之道，也是她善于用赞美来激励自己的员工。

要想成为一名成功的教师，就要善于观察，发现学生的闪光点，及时给予表扬与赞美，让学生从中感受到自信，感受到被认可的愉悦，他们会因此而对学习充满兴趣，对教师充满敬意。当学生喜欢教师时，他将勃发出无尽的学习热情，希望回报教师，希望教师更喜欢他。

但我认为仅仅在班级里表扬孩子是不够的，因为孩子还希望更多的人知道他得到老师的表扬了，希望家里的亲人知道，希望同学的家长知道，甚至希望有更多的人知道。为了做到这一点，我主要利用以下两种方式将我对孩子们的表扬"广而告之"，尽量扩大表扬的范围，尽量扩大表扬的效力。

一、颁发"表扬条"

谁能获得我的"表扬条"呢？组长检查作业及时，反馈认真，表现突出的；上课发言积极，表达流畅到位，富有创新思维等长处的同学；作业完成得特别认真优秀的；老师抽查背诵或听写，完成情况优秀的；小组合作探究认真、高效，善于互相帮助的小组成员；劳动积极主动、认真负责的……因各种原因表现出色的同学，都将得到老师颁发的表扬条。格式如下图：

```
                    表  扬  条
    _____同学家长：
        真为您感到骄傲，您的孩子今日在_____方面表现很棒，值得表扬！谢
    谢您的教育。
                                            老师：李云珠
```

孩子们都习惯报喜不报忧，在学校要是被老师批评了，他们往往隐瞒不报，但拿到表扬条，他们一定会及时把它交给家长。因此，在家长会上，我提前跟家长交了底：当你的孩子拿着表扬条回家时，一定不要吝啬你的表扬——不管是物质上的奖励还是精神上的鼓励，因为这将使孩子的积极性得到进一步的推动。孩子们拿着表扬条回家得到家长的表扬后，会对再次获得表扬充满期待，他们将会更加发奋争取。而当孩子再次回到班级时，我又一次利用课前三分钟的时间进行随机的"现场采访"——请问，昨天你的家长怎么表扬你的？你的感受如何？今后是不是还想继续得到表扬条？这样的过程相当于孩子们又被口头表扬了一次。这样的良性循环，对孩子的优化教育显得极为重要。

教师节的时候，孩子们送了很多花（绢花）给我，对此，我"取之于民，用之于民"，每次发表扬条给孩子们的时候，我还会发给他们每人一枝花，让他们也带着花回去，告诉他们，花里包含着老师对各位的赞美和期待。这样，孩子们放学回家的时候，等候在校门外的家长很好奇："诶，他怎么还有花带着出来？"孩子们就会自告奋勇地告诉他们——自己得到老师的表扬了，这花是老师送的。这样一来，他们获得表扬的喜事广而告之，虽说外表看上去有些害羞，但他们心里别提有多美了。

二、利用"家校通"平台

除了利用"表扬条",我还利用"家校通"平台对孩子们进行表扬。在每天放学时,整理一天的观察,对孩子的出色表现,向全班家长进行一次反馈。这样一来,全班家长都知道了今天哪些孩子得到了表扬,以及为什么得到表扬。这对于获得表扬的孩子和他们的家长来说,都是一种荣耀。他们将一起努力向前。即使对没有得到表扬的孩子和家长,也将起到激励的作用。

这样的做法我已经坚持了两年,收效不错——课堂效率高了,孩子们的学习习惯好了,孩子们更喜欢老师也更喜欢学习了。一切都在朝着美好的方向前进着。

要激发孩子的潜能,让孩子们真正快乐地自主地学习,就让孩子们带着荣耀回家吧!

福建省建瓯市建安小学　李云珠

10. 成长记录册构筑"成长风景线"

我们班教室后面有一道亮丽的风景线——我们的"童年记录，见证成长"成长记录册展区。在这里每位同学都有自己的一个位置，每当午间、课间，同学们都喜欢在这里逗留、欣赏。

我班的成长记录册，得益于一次期末家长会的筹备。以前的家长会都是各科老师和班主任向家长们汇报学生在学校的表现和学习情况，学生们没有多少积极性，家长不愿意参加，老师自己也兴味索然。怎样让学生、家长和老师对家长会有一个全新的认识呢？我请同学们献计献策。经过一番热烈讨论，大家一致决定每个人制作一本"成长记录册"，让家长看到自己的进步。

目标有了，我马上组织学生开始行动。

我给班里的每个学生发了一个档案袋，并让他们发挥各自的聪明才智设计封面。孩子们很喜欢这项活动，有的把自己最漂亮的照片贴在封面上，有的精心地在封面上画了自画像，并根据自己的特点写上姓名，如"活泼可爱的×××""乐于助人的×××"。大家还给自己的成长记录袋取了富有诗意的名字，如"成长的足迹""童年的脚印"，等等。

成长记录册的封面有了，接下来就是成长记录册内容的设定。成长记录册全面记录了学生成长的历程，因此内容一定要丰富、充实。为此，我开了一个主题班会征求同学们的意见。对于成长记录册的内容，孩子们都有自己的想法，有的说，老师定好栏目，学生只要根据具体的栏目填充就可以，也有的希望有自己选择的权利，还有学生提出来，一定要有和家长互动的栏目，

比如"我对爸爸妈妈说的心里话",等等。经过议论,最后我们决定将成长记录册的内容分为两部分,一部分是班里统一制定的,一部分是学生的自主选择。统一制定的内容主要有以下栏目:我的自画像、教师寄语、父母寄语、我的向往、我的读书足迹、我的读书感悟、亲子共读、我的成绩报告单、我的荣誉等。孩子的自主选择内容则宽泛得多,只要是学生自己喜欢的作品与成果,或者是他们愿意留下来的认为有重要价值的材料或作品都可以,如我最满意的相片、作业、日记,我喜爱的手工制作,我最满意的绘画作品、书法,我的获奖证书和作品等,并在所选作品上标明收集的时间、选择的理由。

我真诚地邀请家长积极参与记录册的构建,家长们也提出很多中肯的建议,并且提出了自己美好的心愿和要求。小琪的妈妈在孩子的成长记录册里写下了一句话:"孩子,请记住,妈妈永远陪在你身旁!"晓晴的爸爸写道:"让这个小小的成长记录册成为我们共同成长的见证吧!"最近因误解孩子使得母子关系有些紧张的小俞妈妈则说:"愿这本小册子给我们开启理解的窗户!"父母的殷切希冀尽在其中。

成长记录册的制作过程激发了学生极大的热情。为了防止千人一面,我还让学生发挥个性,自己装饰记录册,比如每个栏目可加上自己喜欢的图案,可以自制页码标签等。一个月下来,学生们不仅认真填写了记录册中的内容,还设计了丰富的插图，用天真的语言、浪漫的想象，描绘出了一幅幅动态的、完整的、立体的学生发展的图画。展开他们的档案袋，仿佛看见了一颗颗活泼的心灵、一张张各有特色的小脸。

为了真正让记录册达到促进学生发展的目的，我还定期将记录册收上来进行指导。刚建立记录袋时，由家长每天给予指导检查，我则每周记录并短评，主要是以激励为主，提出个人建议，比如有的学生的记录袋中收集的资料太多太杂，我就建议他将资料合理分类，去糙存精；有的学生图省事，会出现应付的内容，我就进行单独辅导，大到排版，小到每一个插图的颜色，都手把手地教。对做得好的学生，则及时给予表扬并展示其记录册。每月让学生整理一次成长记录册，争取做到全面而精致。

为了让学生互相促进，我还在教室一角专门开设了一个"童年记录，见证成长"的"成长风景线"，开展了"每天秀一秀"成长记录册展览，让学生互相看一看、评一评各自的成长记录册，展示自己的收获，体验成功的快乐，并通过欣赏别人、反思自己，知道自己该做什么、学什么。

那个学期期末召开家长会时，父母们看到孩子的成长，无不眼睛一亮，他们观看着、交流着、比较着，喜悦之情溢于言表。尤其"我对爸爸妈妈说的心里话"，更是打动了在场每位家长的心。学生们有的说："妈妈，小洋的妈妈每天都和他一起打羽毛球，每当看到他们那欢快的笑容时，我是多么羡慕啊！妈妈，您能每天抽点时间陪陪我吗？"有的说："爸爸，您总是觉得我不如别的孩子优秀，其实我身上也有许多优点，只不过您没有发现罢了，比如我热爱劳动，是老师和同学眼中的劳动小标兵……"有的说："爸爸妈妈，你们辛苦了，女儿已经长大了，知道什么是对的，什么是错的，你们不要再事事都要操心了……"一段段感人肺腑的话语一下子缩短了父母和孩子的距离。

陶建伟同学的爸爸激动地说："作为孩子的父亲，看着他在学校里一天天成长、进步，我很高兴、很自豪。感谢老师的细心用心，让我们家长通过这种方式及时了解孩子的点滴进步。这样的家长会，我们愿意参加。"

没想到，一本小小的记录册会取得如此良好的效果，于是我一直坚持到现在。如今，成长记录册已经成为我们班级文化中的一道风景，它为学生提供了展现才华的舞台，创设了自我发展的空间，满足了不同学生展示自我才能的欲望，并成为他们挖掘自身潜力的动力和源泉，对于促进学生良好行为习惯和优秀品格的养成，起到了积极的推动作用，因此赢得了学生及家长的一致好评。

山东省潍坊市奎文区孙家小学　庄明华

第三辑　好创意让沟通无限

一名令人敬畏的班主任在教育过程中固然可以达到震慑学生、教育学生的效果，但师生之间若缺乏真诚有效的沟通，所有的教育问题也许将"治标不治本"。行走在学生的心尖，做足学生的心灵功课，教育才能"有心无痕""润物细无声"。美好的创意成为教师掌握学生思想动态的"晴雨表"；美好的创意让学生尽情表达自我，为班级建言献策；美好的创意让师生敞开心怀，沟通无限，温暖绵延。

1. 师生许愿墙

我们班有一块富有特色的师生许愿墙。它的设立源于我曾经看过的一张照片：国外街头有一个小亭子，上面贴满了密密麻麻的小纸条，有广告，有启事，有杂谈，有漫画，大家把这块方寸之地当做宣泄场、沟通桥。人需要交流，可是在班级日常管理中，我们并没有广开沟通渠道，而是常常居高临下地发号施令，不容学生质疑、辩解，学生要做的只有服从，长此以往，必定积小疾成大患。于是，我在班上的黑板旁边专门开辟了一块师生许愿墙，并制定了规则：凡是学生想对老师说的话，都可以写成小纸条贴在墙上，老师应及时阅读、反馈。

一段时间后，学生开始习惯在班级许愿墙上表达自我感想。纸条的内容很丰富：有给同学提意见的，有要求调换座位的，有对早读内容和形式提建议的，有反映板书反光问题的……可别小看这小小的墙面，它意义重大。借助它，我及时了解了学生的需求，及时反思并修正言行，调整班级管理方式。它是学生参与班级民主管理的渠道，也是师生关系良好发展的润滑剂。

它的设立解决了许多问题，印象最深的是它帮助我协调了各科的作业量。很多时候，各学科教师都布置了自己认为适量的作业，可是，几个科目加在一起，作业量就超过了学生的负荷。后来，有学生建议：先让每个学科的老师都将要布置的作业贴在师生许愿墙上，再由班主任在每天上下午放学前协调、确定，这样一来，当天的作业就不会"聚沙成塔"了。还有一件事给我留下深刻印象：一个在午餐班就餐的学生，针对一件老师们想不到的事写了一张心愿条——"何老师，午餐班的一桶汤放在黑板前的台阶旁边，我觉得位置不好。粉笔灰容易掉落到汤里，排队打汤的同学容易因为台阶摔倒。另外，汤桶靠近教室门口，下课的时候有很多人进出，扬起了许多灰尘，有的灰尘落到了汤里。还有，请您再仔细看一看：门上有铁锈，如果有铁锈落到汤里，我们怎么喝呀？我们需要健康成长。"看过纸条后，我及时采纳意见，避免了一系列可怕的可能。

师生许愿墙让师生的心紧紧相连，体现的是一种师生平等、和谐相处的文化。

福建省福州教育学院第二附属小学　何捷

2. 周末"说三道四"

一、缘起

我校学生平常在校寄宿，每半月放一次假。每到周六，这些学校里的孩子就像过节似的开心。因为这一天下午从班队课、清洁课（卫生大扫除）后一直到晚上睡觉前，长长的一段时间都属于孩子们自己。他们往往跟着老师去逛逛超市，买买零食，学校里这时也常常举行体育活动、周末电影欣赏等。但我发现，学生对体育活动、周末辩论等兴趣不大，他们的兴趣基本上都被电视吸引了，尤其是湖南卫视的《快乐大本营》，这些孩子看得如痴如醉，一边吃零食，一边看娱乐节目，时而笑，时而闹，真是不亦乐乎！

按说，周末本应让学生放松、愉悦。但时间一长，孩子们变得有点离不开这些节目了，如果提早关掉电视让他们睡觉，总有相当一部分学生流露出不满的表情。

美国学者尼尔·波兹曼在《娱乐至死》中有一段著名的论述："电视的一般表达方式是娱乐。一切公众话语都日渐以娱乐的方式出现，并成为一种文化精神。一切文化内容都心甘情愿地成为娱乐的附庸，而且毫无怨言，甚至无声无息，其结果是我们成了一个娱乐至死的物种。"在物质主义、技术主义高悬的今天，人们的精神世界日渐萎缩，诚如米兰·昆德拉所言："人处在一个真正的缩减的漩涡中。"

如何将孩子从这种电视娱乐的"漩涡"中拉出来，让周末活动真正成为既让学生喜欢又内容丰富的综合活动？我从电视节目中借鉴一些元素，安排了"周末'说三道四'"活动。

二、做法

"说三道四"内容既丰富又简单。"说三"，即班事、校事、天下事，事事关心；"道四"，即相声、小品、歌舞、诵读，样样荟萃。

"说三道四"操作起来也非常简单易行：

1. 栏目设置灵活。作为一档综合类活动我力求形式丰富、有创意，内容符合学生的年龄特点，栏目设置灵活多样。

（1）新闻趣事类："新闻速递"播报班级、学校、世界最近发生的事；"旧闻轶事"讲述各个地方过去的各种趣事，大事小事均可；"唇枪舌剑"则针对某一现象发表看法，进行辩论。

（2）阅读旅游类："新书扫描"介绍最近在看的书，"人物评述"对某一人物进行评价，"经典章节"介绍或朗诵经典片段，"路上风景"介绍自己或某一地方的风土人情，等等。

（3）表演类：即上面提到的"道四"，以相声、小品、歌舞、诵读为主，其他如乐器表演、魔术等均可，不管表演得好与不好，只要参与就好。

2. 环境准备简单。"新闻速递"只在电视屏幕上做了一个类似中央电视台朝闻天下栏目的画面，加上一段朝闻天下的配乐，讲台就是播报台，两只老师上课用的扩音器就是麦克风。"唇枪舌剑"也只是写有"正方、反方、一辩、二辩"等字样的牌子，需要时放上牌子，人员坐下即可；至于其他表演，黑板上让学生写几个字，配几幅插图，署上几个姓名，就可以当作表演背景。

等到学生会做PPT了，节目内容、背景都可以在PPT中呈现。孩子们自己制作并展现，老师只要审核一下，提出适当建议，就可静观其行。

3. 内容选择多元。作为周末活动，我将"说三道四"的内容定位为"生活、兴趣、视野"。反映学生自己的生活点滴，演绎自己的故事，这是孩子最喜欢的方式，不论什么形式，不管如何演绎，只要能够真实反映学生生活，都允许学生表现。有些内容本身也可以作为讨论、辨别、判断的材料，对于拓宽学生的视野，锻炼学生的思维是非常有好处的。记得有孩子表演过这样一个故事——妈妈让孩子学习奥数，孩子非常不愿意，但妈妈一定要让孩子学，还搬出舅舅、阿姨等人劝说孩子：学习奥数对考上实验班有帮助。初看这个故事，内容似乎与现实情况有所冲突，尤其"学"还是"不学"，对当下的孩子来说是个相当敏感的话题。但我想，针对存在的问题，要正视学生的诉求，于是大胆地安排学生表演。因为有生活原型，所以孩子们演绎起来活灵活现。学生表演后，我组织学生进行讨论：面对挑战，如何选择。我欣喜地看到学生大胆发表自己的见解，通过讨论，知晓了"适合自己的，才是最好的"。

4. 学生自主参与。学生是"说三道四"的主体，如何让学生积极主动地参与，尊重学生的自主选择是关键。记得第一次活动时，报名的学生寥寥无几，经过一番动员，有一小部分学生参与了。但因为平时表演不多，所以表演时扭扭捏捏，效果并不好。但毕竟迈出了第一步，于是我尝试着与学生讨论怎样改进活动。与学生交流我的设想后，没想到学生的反应是："老师，你说的有些内容我们不会，最好是表演我们想表演的，我们学电视上的小品也可以啊！"是呀，为什么不可以呢？于是，第二次表演前，我在黑板上张贴了"招演公告"：

> 亲爱的同学们：周末"说三道四"活动上半月已经开启，下半月我们将继续进行。为了丰富见闻，现面向全班同学公开招演，自愿参演，自选内容，自由组合。作品原创、模仿等均可。同时，"新闻速递""旧闻轶事"等栏目也招聘主持人若干。有意者请到班长处报名，或者直接将节目名称、表演组合填写到本公告的空白处。机不可失，时不再来，请同学们积极参与！

没想到，贴出公告当天下午，就有好几个节目填写在公告上了。仔细一看，不禁哑然失笑——大多是"春晚"上表演过的小品，连赵本山的《卖拐》也名列其中。但这已经很让我满足了！此后的几天，节目一天天增加，最终达到十余个，向学生了解所需时间，要用一个半小时。

再看"新闻播报"等主持人报名，更是情况喜人。连平时胆子较小的小林同学也报名了。于是，我进行了分组，并将网上下载的央视"朝闻天下"视频播放出来，让学生明白如何组合，如何播报新闻，用哪种坐姿和视线等。让学生模仿主持人播报央视里的短新闻，没想到学生说得有板有眼。于是我让学生自己选择班级、学校里的大小事，同时从网上找一些最新新闻，让学生进行信息提炼（将主要内容浓缩成两三句话）。就这样，学生基本知晓了新闻播报的内容与方式。于是，不但同学之间的吵架、班级卫生的扣分、一（4）班门前的瓜架开花、外校老师到班上课等，都成了学生采集的新闻内容，"叙利亚危机""黄岩岛事件"也成了学生议论的话题。学生的视野拓宽了，创意增加了，讨论深入了，班级的风貌自然也改变了。

三、深入

学校正在实施新教育实验"缔造完美教室"活动，其核心在于班本卓越课程的研发。我想，如何形成班级特色文化，锻造我的班本课程——周末"说三道四"是我的一个有力阵地。班本课程涉及的课程目的、计划、实施策略、评价等，都是我下一步要思考的。我庆幸自己迈出了这一步，下一步，我要思考如何从"周末'说三道四'"中超越出来，建设更富有特色的"时事课程、童话剧表演课程"等，让卓越课程伴随学生的卓越成长，真正实现让学生"过一种幸福完整的教育生活"的理念。

浙江省乐清市育英学校　俞国平

3. 用"画话本"架起沟通的桥梁

班主任不仅要有驾驭班级的能力，还要能够俯身走近学生，亲近他们，倾听他们的心声。教师和学生的交流是全方位、多角度的，只要用心，一定会有可以和学生交流的机会，从而拉近师生间的距离，增加感情。用笔交流就是很好的选择。

我们班的学生每人都有一个小本子，美其名曰"画话本"，别看它小，功能可强着呢！它既是家庭作业记录本，又是师生对话本，还是家校联系簿，最重要的是我可以利用它和学生畅谈周末趣事。有了这个本子，我对学生有了更多的了解。能够成为他们的良师益友，是我一直以来的追求。当然，关于这个本子还有一些小故事呢！

现在的孩子大多是独生子女，比较自我，但是他们的内心也很孤独，他们希望家长了解他们，而不是只关心他们的学习成绩，可是有些想法话到嘴边却无从说起，内心着实苦恼。个个有话不想说、无从说，导致班级没有凝聚力、各顾各。对此，我把学生记录作业的家庭作业本提上了"战略高度"，让它充分发挥作用。具体说来，是在每位学生的家庭作业本上写一句话作为示范，内容大同小异，但皆是表扬的话语，并要求家长看后回复。例如，朱小小是个认真、踏实的小姑娘，每次课上都认真听讲并做好记录，可是她总不敢大胆地将自己的观点与大家交流。针对这一情况，我为她写道："批改你的作业是一种享受，你书写干净整齐，认真仔细，如果能在课上大胆发言就更好了！"放学前，我看着孩子们脸上或惊喜或诧异的表情，着实开心了一把，我相信我的做法已经起了微妙的作用。第二天，我把家庭作业本收齐后，打开查看时颇为紧张，出乎意料的是，家长不仅回复了我，还向我问了许多孩子在校的其他表现。而有些孩子则向我说了心中难以和父母说的烦恼。一句简单的激励一下就发生了作用。朱小小同学给我的回复是一个大大的笑脸和一句表决心的话语："朱老师，我会努力的，希望你能一直鼓励我，支持我，谢谢！"

看到一本本散发着童言童趣的本子，我心中格外欣慰，这一举措也进一步拉近了我与家长、与学生还有家长与学生之间的距离，一举三得，何乐而不为？渐渐地，我看到学生有了不少改变，像朱小小这样胆小、不善言辞的孩子已经能够大胆地举手发言了，虽然有时还是会脸红，但是班级的学习气氛渐渐浓厚起来。原来，老师一句简单的表扬有时会让学生终生受益。

周末是学生最快乐的时候，他们可以休息两天，做自己喜欢的事情，如何与孩子分享周末的快乐呢？如何让全班学生一起分享彼此之间的快乐呢？我又想到了记录家庭作业和感情交流的本子，不如让他们在上面开辟一块"周末快乐"的板块，在本子上用记日记的方式写点小作文，或者摘录所看课外书中的好词好句并加上自己的感悟，或者剪贴报纸中的新闻与同学们分享，再为自己的作品配上美图。孩子们会不会更有兴趣呢？我用晨会的时间与孩子们沟通，征求他们的意见，孩子们强烈赞成，我们班的文艺委员还给这个小本取名为"画话本"。大家听后纷纷表示赞成，由此，我们班的"画话本"内容就丰富了。

之后的每个周一，都是我特别高兴的日子。因为我会收到36本内容各式各样的"画话本"，读着孩子们童真的言语，看着滑稽的搞笑漫画，我一整天都精神奕奕。

除了相互分享快乐，"画话本"还为师生的私下交流开辟了途径。小尧是一个单亲家庭的孩子，从小缺少母爱，性格内向孤独。刚来我们班那会儿，从未看见她和别的孩子交流过。看着她每天这样不快乐，我很着急。突然，我想到了"画话本"，如果和她进行笔头交流，会不会有效果呢？

之后，我每周都在"画话本"上与她交流，有时也用漫画来代替文字。最开始小尧并没有回应，渐渐地我发现小尧的"画话本"越来越有趣，于是我抓住这个契机，对她的写话或者图画都给予很高评价，终于有一天，我在她的本子上看见了这样一句话："朱老师，我喜欢你。"看到小尧的心扉终于打开，我的眼睛不禁湿润了。"一卉能薰一室香"，其实，小尧的作文写得非常精彩，图也画得不错，我将小尧的文章在班级大声朗读，同学们都大加赞赏，并推选她做我们班的宣传委员，看到小尧微微泛红的脸庞和充满智慧的眼睛，我看到了信任、尊重和爱。

师生间真诚、平等、关爱的对话，不仅是教育学生的一种手段，更是融洽师生关系、沟通师生情感的途径。经常和学生交流看法、想法，我对孩子们越来越了解，孩子们也越来越喜欢我，喜欢听我的课，喜欢读作文，我们班的作文水平有了大幅度提高。

江苏省苏州市金阊区实验小学　朱颖颖

4. "鸿鹄夜话"，班主任的温柔助手

我们鸿鹄八班被评为"市级优秀班集体"，首先还要归功于我们班的"鸿鹄夜话"，它为我们班级的优秀建设立下了汗马功劳。

所谓"鸿鹄夜话"就是我班学生每天要对班主任说的心里话。我们班级的名字是"鸿鹄班"，班里的每一个成员都是一只鸿鹄。多年的班主任工作经验告诉我，孩子们喜欢和老师说心里话，但是在时间和空间上不允许，为了能够多方面、深入透彻地了解每一个学生，我在班里开通了"鸿鹄夜话"活动。操作方法很简单，我要求班上每位学生必须在夜晚写完作业后写一篇不少于100字的"鸿鹄夜话"，副标题自拟，体裁不限，内容不限。另外在班中选出一男一女分别担任"鸿鹄夜话"的收管员。这两位同学负责在每天晨读前收集同学们的"鸿鹄夜话"，不准打开看，必须在收齐后第一时间交到班主任的办公桌上。我早上来后只要第一节没有课，就阅读这些"鸿鹄夜话"，了解学生昨天的思想情况和班级的种种情况，从中选取几篇优秀的"鸿鹄夜话"在班中进行表扬，当然，这个表扬不是单纯表扬写得好的同学，主要目的是"他山之石，可以攻玉"。教育重在激励、唤醒和鼓舞，孩子们说的话和孩子们独特的领悟都能教育或引领自己的同学。基于此，我每天都要借助"鸿鹄夜话"教育引导学生。

坚持一年后，我们全班不但爱上了"鸿鹄夜话"，而且发现我们优秀班级的勋章上有它的一半功劳。

功劳一：它成为师生沟通、相互关爱的桥梁。很多同学借"鸿鹄夜

话"向我倾诉心里话，这样我不但了解、理解了他们，也可以借此平台给他们"回话"，表达我对他们的关心和爱护。比如，读完了笑笑同学题为"鸿鹄夜话之写给老师的悄悄话"一文，我奋笔疾书，写了一封长达2000字的信给她，帮助她早日走出父母离婚的阴影。就是从那次开始，经过几次"秘密谈话"，我们关系拉近了，她经常在"鸿鹄夜话"中称我为闫妈妈。

功劳二：它为学生之间的友谊加码。同学们天天相处，什么故事都有可能上演。读到青青写的《鸿鹄夜话之同桌，我向你说声"对不起"》时，我在班上帮青青读给她的同桌听，既帮助她们化解了矛盾，挽回了她们的友谊，也让别的学生学会遇事反思自己。读到《鸿鹄夜话之姜超，加油》《鸿鹄夜话之赵琦，我向你学习》《鸿鹄夜话之感谢同学，感谢老班》等有关同学友谊的文章，我都在班里表扬，给学生讲讲友情的可贵。

功劳三：它成为学生为班级建设献计献策的平台。我教育学生为班级服务，更鼓励学生为班级建设献计献策。只要在"鸿鹄夜话"中提的建议被采纳，我必大力表扬。比如顾玉娇的"鸿鹄夜话之建议我班开始15分钟的午读"、盖晨晨的"鸿鹄夜话之建议我班推广普通话"，等等，只要是有益于班级建设、有益于学生健康成长的建议，我都会采纳。这样，学生参与班级建设的积极性高涨，班级风貌大有改善、提高。

功劳四：它成为班级管理的"摄像头"。现在，虽然有很多学校为教室安上了摄像头，但通过我们班的"鸿鹄夜话"这个"摄像头"，我不但可以了解学生在教室里的言行举止，而且可以了解学生的内心世界。记得有一次我外出学习五天，回来后读完学生这五天写的"鸿鹄夜话"，我就对这些天的班级情况了如指掌了。比如《鸿鹄夜话之老师不在家，林海说脏话》、《鸿鹄夜话之老师，我们想你》、《鸿鹄夜话之校门口的突发事件》、《鸿鹄夜话之语文课，我们自己这样上》，等等。细细读完后，我把该教育的同学请到办公室教育，对该表扬的同学在班里大力表扬。学生心服口服，同事心悦诚服。

现在，我每天除了上课，最重要的事情就是认认真真阅读孩子们写的"鸿鹄夜话"，从里面挑选出好的，加工成适合学生的"心灵鸡汤"，然后小心翼翼地端到课堂上，为学生补充"营养"。渐渐地，学生爱上了这份由他们自己"烹饪"的"晚餐"，我也越来越离不开这个帮我的治班育人助手了！

山东省乐陵市寨头堡中学　闫书英

5. 让管理与作业同行

以前，我和大多数班主任一样，有课就上课，没课则在办公室改作业。科代表收齐作业后交给我，对的打勾，错的打叉，按部就班，波澜不惊。如果有同学做错，我会做个标记，要求改正；错误较大的，就叫到办公室，当面指出来。虽然效果也不错，可有些同学反映，有那么多老师在场，觉得有失颜面，走出办公室都汗涔涔的。

处理好业务上的事情，其余的时间都用于班级管理，我每天认真贯彻学校要求的"八到班"制度，从无违背。既要带几个班级的化学课，又要管理班级大小事务，曾经，我觉得身体疲累、精神压抑，但现在我感到轻松多了。情况发生改变，源于一次普通的晚自习。

那天晚上，问问题的同学比较少，见科代表的座位上已经放有一摞作业，我拿到讲台上批阅。改着改着，发现小雯同学的作业有错误，我把她叫到面前，轻声告诉她错在哪里，她站在我身边纠正错误，并没有表现出难为情，相反，她还很高兴。等她走下讲台，我抬头环视班级，发现许多同学羡慕地微笑着看她，我突发奇想：以后，就把改作业的地点放在教室，监督学生的同时还可以改作业，融班级管理于批改作业之中，依刚才的情形来看，效果应该是不错的。

是不是真的像我感觉的这样呢？在教室改作业会不会影响学生的正常学习和休息呢？还是要听听学生的意见再做决定，结果是大家都非常赞同。我还不太放心，回到家里，我又在QQ空间上写了一则心情：

晚自习，我站在讲台上改作业，哪位同学有错误，就叫到跟前，轻言细语当面讲解，感觉比在办公室批改效果好多了。手中拿着小毛笔，前面放着红墨水瓶，身旁站着乖巧的学生，窗外树枝摇曳生风，我很喜欢这种感觉。

不到一个小时，就有了13条评论，都是我的学生对这件事的看法。

有同学说："老师最棒！"

有同学说："这样好，我喜欢。"

有同学说："老师，站在你身旁，我觉得好像回到了妈妈身边，就像妈妈跟我唠叨一样。"

上一届一位同学说："老师，去年我在你麾下的时候，怎么没有这种待遇呢？你好不公平哦。"

……

现在，晚自习或者午间作业时间，我大多在教室里改作业，并且不只是站在讲台上，有时候，有同学做完后会举手叫我过去，我就坐在他的座位上批改，更加方便交流。

如果同一道题有好几位同学都做错，我会讲给其中一位同学听，然后，其他同样做错的同学都去找他讨论，得出正确答案。从此，教室里三个一群、五个一起，轻声辩论的场面时常可见，教室的学习气氛如此和谐美好，孩子们想不进步都不行。

而且，这种方法对学困生的带动非常明显。有一次，小章同学举手示意完成作业，因为他从来没有这么主动学习过，我赶紧过去对他大加赞扬。在农村，家长朴实木讷，见到老师总是只有一句话："该打打，该骂骂，给俺管严点儿。"可小章的家长每次见到我，都很脸红，好像自己儿子的表现已经让她不好意思再说那样的话。这次，虽然小章的作业做得并不是很好，但态度的转变足以让人惊喜，如果把这个好消息告诉这位对儿子已经失去信心的母亲，她该有怎样的快乐呀！当着小章的面，我发了短信："嫂子，我是小章的老师，今天晚上孩子表现非常好，作业进步大，主动问问题。希望这个消息能让你今晚有个美梦!"小章哭了起来,我把短信读给诧异的同学们听,大家也都静默无语。从此,我在批改作业的同时向一些家庭报告他们的孩子进步的消息,同学们也因此更加努力、更加懂事了。

　　管理与作业同行,让我节省出许多时间;随时的家校联系,让同学们和我越来越亲近。周末家长来接孩子时,都是笑脸盈盈。想到这快乐和我的努力有一点点关系,我心中也充满无限欢喜!

河南省项城市贾岭镇第一初级中学　刘亚琼

6. "心情微博"，让学生敞开心扉

为了给学生搭建了一个促进友谊、释放压力、抒发情感的平台，创新生生、师生间的沟通方式，使同学之间和师生之间的关系更加和谐、更加融洽，我在班级推出了"心情微博"。学生可以在上面随时抒发情感、交流体会、分享学习，还可以尽情"灌水"。

我制作了长60公分、宽35公分的两个牌子，分别挂在教室后面黑板的两侧，让学生贴上抒发心情的小便笺，字数控制在35个以内，可以配漫画。内容、形式不限，幽默笑话、搞怪表情都可以。"心情微博"一经推出，就得到了学生的青睐与热捧。它主要有以下几个功能：

1. "心情微博"成为教师掌握学生思想动态的"晴雨表"

通过"心情微博"，教师能及时了解学生的思想动态，有针对性地进行教育和心理疏导，帮助学生走出困境。学生小菁写道："我愿用我的生命换回妈妈的生命！"原来，小菁的妈妈得了乳腺癌，已经到了晚期。我了解情况后，及时安慰并发动全班同学为她捐款，帮助她走出困境。小妍写道："我的柔情你永远不懂？"原来她喜欢上了本班的学习委员小张，多次向小张表白，但小张不愿意在高中谈恋爱，一直不理睬她的"多情"。我找到小妍告诉她："爱情是人类最美好的一种情感，但高中阶段不适宜谈恋爱，因为你们还没有完全成熟，还承受不起这份美丽。你可以把对他的感情放在心里。待你们都考上大学后，如果你还喜欢他，他也愿意接受你的感情，我想，那时你们的爱情才是最美好的。"她听了我的话，把精力用到了学习上，最后考上了理想的

大学。

2. "心情微博"是学生情感表达的"明心镜"

伴随着网络成长起来的"90后"学生，他们都习惯于使用碎片化的信息表达想法。比如："童鞋们加油"，后面画一个胜利的手势；"哭了，过了，从头再来"；"喜欢我的有木有？嘻嘻"，后面画一张笑脸；"抵御诱惑，不吃零食——一个减肥者的忠告"；"刷牙是一件悲喜交加的事，一手拿杯具，一手拿洗具！"绝大多数心情微博内容是抒发个人情感的，给同学们创造这个空间，就是本着一种宽容的心态，只要没有谩骂和人身攻击，文字、漫画、表情都不受限制，"心情微博"是学生情感表达的"明心镜"，也是缓解他们的心理压力的最好途径。

3. "心情微博"成为学生建言献策的"主阵地"

因为没有署名，大家可以各抒己见，说出真心话。"用火焚烧垃圾点，浓烟滚滚，不环保。"——反映了我校后勤人员不及时清理校园垃圾，用焚烧的方式处理，造成校园烟雾缭绕，严重污染校园空气。"厕所成了吸烟馆。"——反映了有些学生在厕所偷偷吸烟的不良习惯。"今天二灶又现军用馒头。"——反映了学生二灶在蒸馒头时碱放多了使馒头变黄的事情。我将这些信息反映给学校，学校非常重视，不但问题逐一解决，我们班还获得了学校颁发的"建言献策奖"呢！

4. "心情微博"成为学生的"消遣台"

看"心情微博"是一种消遣，课间十分钟，学生看看心情微博，有激励的语言，也有用网络语言对其他学生的调侃，这是对学习压力的宣泄，也是彼此亲近的表达。一句幽默的调侃，增进的是友谊，促进的是感情。同学们用诙谐幽默的网络语言记录相互关爱的点点滴滴，是体现同学情深的一种新方式。

5. "心情微博"成为张扬学生个性的"舞台"

"90后"学生追求平等、个性化的要求更为强烈。作为被管理的一方，他们在管理者处希望获得公平感和自由感，借助"心情微博"来调侃老师，适当地"反击一拳"，也是对学习压力的一种释放。我身体比较胖，是个对学生比较严格的班主任。所以有学生写道："胖哥，别太严肃了。""老班，我们考了年级第一，是爷们就奖励我们哦！"

"心情微博"打开了学生的心结，使学生敞开了心扉，生生、师生之间心理上的篱笆拆掉了，又有什么比这更让人感觉幸福的呢！

宁夏回族自治区固原市原州区第五中学　马国智

7. 新年日记迅速拉近师生距离

每年寒假过后，回到学校，女孩们更漂亮了，男孩们也更像小男子汉了。可是，课上课下，上学期早已熟悉的师生间的和谐随意，却似乎找不到了。同学们见到老师，总会有一点不好意思。这样的感觉虽然不是什么大事，但我喜欢温馨的气氛，和学生在一起，我更愿意把班级气氛营造得暖意融融，再讲纪律和学习的事情。

同学之间那么多天不见，第一节课难免交头接耳。于情，说说重逢的喜悦没有什么不好；于理，则应该严肃课堂纪律，为以后的管理打下基础。怎么办呢？与其让同学们想说不敢说，不如由老师领着说，说些什么呢？干脆就以我每年记录的新年日记为线索。

从腊月十八和学生们分别，我就开始记录每天所做的事情和对学生们的想念，一直写到正月初八学生们返回学校这一天。等到预备铃响，我就精神饱满地走上讲台，对学生们读新年日记，以此作为新年后第一课的内容。

腊月十八。五点半起床，就像同学们还在学校一样。窗外一片银白，还以为下雪了，开门一看，是美丽的月光静静地流溢。校园里没有了往日的喧闹，这时我才想起，已经放寒假了，孩子们都离开我回到了父母身边。于是，我一个人在冷冷清清的操场上，在月色下走走停停、寻寻觅觅。这时是我们每天的跑操时间，而今天，只剩我一个人了。这一天，你做了什么，还记得吗？有什么有趣的事情呢？说给大家听听。

腊月十九。今天下午上街买醋，在超市门口我见到了麻艳鹏。我们擦肩而过，他没有看见我，可我依然很高兴。既高兴意外的相见，更欣慰麻艳鹏能大包小包地帮他妈妈拿东西。在菜街路口，我又碰到了秋艳。秋艳正帮奶奶卖白菜。我本来不想打扰她，可是她发现了我，惊喜地叫我，我很感动。同学们，你们有没有像他俩一样，帮爸爸妈妈爷爷奶奶做事情呢？

　　腊月二十。八点多钟，我刚吃完早饭，你们去年的大师兄凡坤回来看我。第一句话就问："老师，你的嗓子好些了吗？"我哽咽无语。"我想给你买一个主持人拿的话筒，不再用那个小喇叭，让别人都看不出你嗓子疼，可是我没有那么多钱。现在放假了，你可要好好休息。"我哭了，凡坤也流泪了。最后我说："好孩子，不用买，你能想着我我就很高兴了。"凡坤拉着我的手说："老师别哭，我好好学习，等着我的好消息。"孩子们，作为老师，我很幸福，我不但收获了你们的健康成长，而且收获了人世间最真挚的情感。我爱你们，你们重新回到咱们的大家庭，我有说不出的高兴。整个寒假，我每天都要想一想接下来的工作，新学期开始了，你准备好了吗？

　　……

　　一天一天娓娓道来，同学们听得出了神，流露出惊喜亲近的目光，这是我上学期早已熟悉的表情。接着，自然地进入知识讲述环节，逐渐过渡，细流无声，不露痕迹。如果那么久未见，一见面就满堂灌知识要点，总觉得有些突兀。新年日记恰好填补了这一情感空缺，起到了很好的唤醒和过渡作用。

　　新年日记帮我迅速拉近了和孩子们的距离，如今它已成为我教育生涯中的一笔巨大的精神财富，我将永远珍藏。

　　还有，许多同学受我影响，也开始写日记，记录生活中的细节与感动，作文水平也得到了很大的提高。

河南省项城市贾岭镇第一初级中学　刘亚琼

8. 心灵的秘密花园

作为班主任，如果班里有调皮捣蛋的学生，我们可以动之以情、晓之以理，找他谈话；班里有不完成作业的学生，我们可以发动同学们帮助、督促他；如果有违反校规校纪的学生，我们可以用各种办法来惩戒他。但唯独对于谈恋爱的，老师们一般都谈"恋"色变。因为发现某位同学有这样的苗头，睁一只眼闭一只眼怕他们把事情弄大了；严管又怕弄巧成拙，怕那些性格倔强的孩子会破罐子破摔。此时的班主任真是如履薄冰，唯恐触动这个雷区。

但是，初高中学生发生这种情况的概率比较大。我们都感叹现在的孩子电视剧、小说、网络游戏等看多了玩多了，什么事都知道，凡事也有自己的主见。他们的情感世界日益丰富，看到别的同学"出双入对"，也想效仿。这些因素，都成了学生"早恋"的温床。

因此，我阅读了许多相关文章，想出一个方法：把一个盒子从中间隔开，盒盖上面左右两边各有一个小口，像储钱罐那样的。我给它取了一个好听的名字，叫"心灵的秘密花园"。如果发现那些有青春萌动的孩子，我会偷偷地找机会和他/她谈谈心，笑着说："恭喜你啊，你能喜欢一个人，说明你是一个非常正常的人，因为人都有七情六欲。我当年上初中的时候也喜欢过我们班的一个男生。我看到的全是他的优点，他笑起来是那么好看，他的头发真亮，他足球踢得棒极了……可是，冬天开放在室外的玫瑰是经不起风霜的，因为它不符合自己的生长规律。"觉得到火候了，我就煞有介事地把盒子交给他/她，说这是一个神奇的盒子。如果他们发现对方的一条优点，就写一张小纸条，投入左边的小口；反之，发现对方的缺点，也要写一张纸条，放入右边的小口。规定十天甚至是一个月的时间，如果感觉自己再也找不出对方的优缺点时，就打开盒子，数一数哪边的多。

用过盒子的学生事后告诉我，一开始，他们都只往优点那边塞纸条，可过了三五天，就能发现对方的缺点。过了十天左右，他们都会抱着盒子来找我，说把宝物还给我，还对我意味深长地一笑。我也不追问，因为我知道他们走出了那个拐角，跨过了青春的小萌动。

这个"秘密花园"，其实就是给了他们观察的时间和思考的空间，让他们从两方面去看那个先前完美的白马王子或者公主。让他们学会用自己的眼睛观察，比空洞地讲大道理效果要好得多。

这个小盒子虽然不起眼，但在当班主任的十多年中，我用这个"秘密花园"让许多孩子跨过了那份青春的萌动，走出了对他们来说不合时宜的玫瑰花丛。

山东省潍坊市高新区实验学校　侯燕

第四辑　好创意"升级"评价方式

美国作家安奈特·L·布鲁肖在《给教师的101条建议》中说过:"每个学生都是一个独立的个体,拥有独特的天赋、技巧、优点和梦想。"因此,对孩子的评价不可目光固定,没有弹性;不可单一复制,非此即彼。良好的创意"升级"评价方式,着眼于孩子未来的发展、全面的发展,成为学生锻造性格、养成气质、发展心智的强大助力。

1. 趣味评价促成长

这几年我一直坚守在低年级教学管理的阵地。面对一群活泼好动、精力旺盛的孩子，我时常在思考：拿什么来吸引你们？五角星、小红花、大苹果……花样翻新，然而保鲜期不长，孩子们的新鲜感一过就失效，那么，如何让我们班的奖励别具一格、吸引孩子呢？我推出了10种"趣味评价"方式，在班级管理中交替使用。

一、卡通印章

在班级管理中，教师赏识性的趣味评价有丰富学生的情感、促进学生思维发展的作用。我发现学生中流行一些小印章，于是设计了卡通印章，刻上小图案加入包含校名的激励语来评价学生。这些图饰来源于学生喜爱的卡通形象，用它们奖励学生，效果良好。印章种类如下图：

二、七色成功卡

低年级的学生很爱收集各种小卡片。根据学生的这个特点，我设计了"七色成功卡"。代表彩虹的七种颜色，每张卡上有可爱的卡通形象和"颁奖关键词"。教师根据学生的日常表现分别可以授予：勇敢卡，踏实卡，文明卡，自信卡，快乐卡，勤奋卡，可爱卡。在班级管理中使用，很受学生的欢迎。卡片种类如右上图：

三、识字卡

怎样使奖励的卡片更有意义呢？一年级时，我把第一册中学生要学会的生字编成琅琅上口的短语，每张印一个卡通人物，配以激励性的话语。在班级管理中，既作为奖励，又巩固认识了生字。卡片如右图：

四、古诗卡

二年级时，我把古诗做成奖励学生的小卡片，学生既能得到激励性的评价，心情愉悦，又能背诵积累古诗，一举两得。卡片如下图：

五、水浒卡

三年级时，孩子们迷上了《水浒传》。于是我把梁山好汉108将做成了108张小卡片，用于在班级管理中奖励给孩子，让他们比一比，看谁"带"的将领多，谁就是"兵马大元帅"。此举激起了孩子们极大的兴趣，为了得到一张张水浒卡，他们在各方面严格要求自己，在这个过程中，他们还记住了108将的诨名。水浒卡激励他们争优，吸引他们阅读《水浒传》，把班级管理与课外阅读巧妙地结合起来。卡片如右图：

六、三国卡

孩子们读《三国演义》的时候，我适时推出了"三国卡"。

七、小明星卡

每周，我会让孩子们根据日常表现评出各类班级"小明星"，选上者可以得到小明星卡，如"守纪小标兵""文明小天使"，字写得漂亮的孩子可以获得"小小书法家"卡，爱看书的可以获得"书香小博士"卡。孩子们挂着"小明星卡"走在校园里，走在大街上，接受着行人的注目礼，心中充满了成功的快乐。卡片如下图：

八、喜报

对于考试获得满分的孩子，我特意给家长发去喜报以示祝贺。家长的赞美、有趣的卡通形象都是对孩子的奖励，得到的孩子心花怒放。如下图：

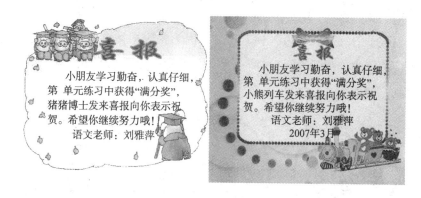

九、写真秀

对行为规范竞赛中连续几次优胜或者取得很大进步的孩子，我会给他们拍几张照片，并做成精美的图片，有时还请孩子配几句小诗。他们的写真秀发在我的博客中和校园网上，学生视之为最好的奖励。如下图：

十、呱呱币

听说孩子们在嘟嘟城玩能挣到"嘟币",玩 QQ 游戏能挣到"Q 币",同学间一说起这些,眉飞色舞。我何不把奖励改成"挣币"的形式呢?我设计了有趣的"呱呱币",面值不等,有 1 元、5 元、10 元等,并制定了"挣币"的规则。孩子们对"呱呱币"视若珍宝,因为每天根据自己的日常表现可以得到面值不等的"呱呱币",一周一比,有可能成为顶呱呱的"大富翁"呢!有何奖励?如下图:

这 10 项趣味评价让我的班级管理轻松自在,事半功倍。班集体更加和谐、快乐、奋进,每个学生都能快乐学习,健康成长。这 10 项趣味评价的导向和调控工作,使各种教育力量有机结合,真正实现"适合于儿童的教育"。

浙江省上虞市华维文澜小学　刘雅萍

2. 让互评触动心灵

教育教学过程中，评价学生的行为天天都在发生，恰当的评价方式，能让学生获得愉悦的心理满足，从而增加学生学习的动力，激发其上进的内驱力。

自评、他评、定性评价、定量评价、形成性评价与终结性评价等方式的综合运用，对学生的成长起着不可低估的作用。而他评更是学生在成长过程中非常在意的评价方式之一。每个人都不是孤立存在的，每天都和身边的人接触，别人的一个眼神、一句话语，都可能会影响到敏感学生的情绪。

鉴于互评的重要性，针对以往学生在《成长手册》里"给同学的话"那一栏中写下的"祝你学业进步""祝你天天好心情""你是我最好的朋友"等互评文字，经过深思熟虑，我决定让互评这个环节旧貌换新颜。自从我对互评进行了精心设计后，学生学会了用一双发现的眼睛看别人的优点，那些用心写出来的评语架起了同学之间沟通的桥梁，同学关系更融洽了，班级气氛更和谐了。

取得如此成绩，我是这样做的：

一、精心铺垫造气氛

上课了。

我站在讲台上，深情地对同学们说："同学们，我们每一个人的成长都离不开身边的人对我们的支持与鼓励，尤其是来自同学间的帮助。是谁，在我们生病时帮我们把书包及作业带回家？是谁，在我们不舒服时陪我们上医务室？是谁，跟我们总有说不完的知心话？是啊，他是你的朋友，是你的同学。"

说罢，我播放了用同学们参加各种活动的相片精心制作的视频，配上优美的音乐，看着相片上的一张张笑脸，观看的同学不时发出会心的笑声。

二、七嘴八舌表情谊

视频播完了，我适时提问："同学们，在过去的一个学期中，你一定有许多与同学间难忘的事情吧？现在，你能不能回忆几个让你最受感动或者印象最深的事例，说给大家听呢？"

同学们纷纷举手。班级里的好人好事，在这个时候得到了集中体现。得到帮助的同学情真意切地感谢着，我听到了许多从来没有听到过的事：有同学被外班同学欺负，是同班同学帮忙并阻止了外班同学的不友好行为；在家里被父母打骂，是同学开解劝导；没来得及吃早餐，是同学慷慨解囊……

被表扬的同学虽然很害羞，但是嘴角掩饰不住的笑意表达着内心无比的自豪。此时，班级里弥漫着温情。

三、字斟句酌赞同学

是时候了。我在同学们意犹未尽时趁热打铁："同学们，你一定还有很多话想对同学说吧？那就把它写在我们的《成长手册》中'对同学说的话'上面吧！你自己的《成长手册》只能送给六个不同的同学写，你自己也只能写六个同学的评语。可以下座位交换《成长手册》。写完了再继续交换给下一个同学，现在开始。"

于是，同学们立刻行动起来，把自己的成长手册送到同学手中，教室里播放着节奏舒缓的音乐，每一个同学都在静静地思索，仔细斟酌如何措词，如何把关于同学的评语写得更精彩。

此时，我只是旁观者，静静地观看着同学们。

四、缤纷展示促和谐

在巡视过程中，我挑选了几个言辞情真意切的留言读给同学们听：

你的大方，你的善良，你的优秀，你的努力，我全都看到了。我真的很佩服你。每一件事你都认真、努力地去做。比如你的体育，本来跟我差不多的，现在变成了第一，你不断地在用后天的努力证明着自己。我敬佩你。

你很可爱，也很善良，但是你有一点内向，你很孤独，对吧？愿我给你的那一丝温暖，你能永远保存。祝你开朗一些，乐观一些！

嘿嘿，记得吗？在这个值日班长的位置上，我们可是搭档哦！我们在这个岗位上可有过不少争执呢！我们一起笑，哭，吵，我们一次次不合，一次次击掌，但是我们的友情依旧闪烁，依旧那么美。

……

每一个孩子都把互评当成互相倾诉心意的途径，看到孩子们认真书写互评、认真阅读别人评语的情景，我欣慰地笑了。

互评，不仅是同学们增进友谊的助力器，粘合心灵的万能胶，班级和谐的催化剂，还锻炼了学生的写作能力，这一举多得的好事，何乐而不为呢？

广东省深圳市宝安区荣根学校　欧阳利杰

3. 我班的"七色花"评比栏

我们班的同学最近都迷上了"七色花",下了课就聚集到班级后面的"七色花"评比栏处,叽叽喳喳数个不停。原因何在?听我细细道来。

前一阵的阅读课上,我们分享了《七色花》的故事,孩子们对故事中的小珍妮又羡慕又憧憬,不时有孩子来对我诉说自己对于七色花的渴望。看着孩子们那期盼的眼神,一种深深的感动从我的心底涌上来:原来,每个孩子的内心都有一个美好的愿望,都希望能得到别人的赞美。我忽然有了一个大胆的想法:何不让这"七色花"开满校园呢?

第二天,我带了一个大大的信封来到班里,对同学们说:"孩子们,你们还记得《七色花》里的老婆婆吗?她给我们来信了,她知道好多同学都想得到七色花,因此寄来了一包七色花瓣,送给守纪律的孩子一片红色的花瓣,送给有礼貌的孩子一片橙色的花瓣,送给爱劳动的孩子一片黄色的花瓣,送给爱学习的孩子一片绿色的花瓣,送给讲卫生的孩子一片青色的花瓣,送给乐于助人的孩子一片蓝色的花瓣,送给爱护公物的孩子一片紫色的花瓣,看哪个小朋友最先得到一朵美丽的七色花?"

"今天,我要先送给佳佳一片蓝色的花瓣,因为她帮助生病的孙林补习了功课。"在同学们羡慕的眼光中,佳佳高兴地接过了花瓣,亲手把它贴在了评比栏上。

为了让"七色花"真正成为指引孩子良好成长的"灯塔",我把教室墙上的评比栏改为"七色花评比栏"。班里的每一个同学都拥有自己的七色花树。我的档案袋里装满了七色花瓣：红、橙、黄、绿、青、蓝、紫，它们分别是守纪律花瓣、文明礼貌花瓣、爱劳动花瓣、爱学习花瓣、讲卫生花瓣、爱护公物花瓣和乐于助人花瓣。孩子们可以根据自己的表现每天领取不同的花瓣，并及时把它贴在自己的花树上，每得到七个花瓣，就可以赢得一朵七色花。

为了激发同学们的集体荣誉感，我还实行个人和小组捆绑式评价方式，把全班同学分成5个小组，每个小组都拥有一朵大大的无色花，花蕊是小组成员的照片，每朵花瓣上都写有一位组员的名字，用于贴他们赢得的七色花。这样，每个同学和每组得到的七色花都一目了然。

为了让"七色花"的花朵越开越娇艳，让"七色花"的生命力更加旺盛，我还采取"每周小评，一月大评，一期总评"的评价机制。"每周小评"时七个花瓣换一朵七色花，剩下的尾数移到下一周，"每周小评"后由班主任张榜公示每个同学获得的七色花的情况，核实无误后再由班长把每个同学实得的七色花贴到评比栏中相应的位置，每月根据评比栏中的结果评出4位"七色花小明星"和1个"七色花小组"，并颁发奖品和奖状。班委会成员每人管理一个小组，负责做好该组每月获得七色花数量的统计。期末总评时，按照七色花总数的多少评出两个"七色花明星组"和10个"七色花好少年"，被评为"七色花好少年"的同学将获得送给家长的喜报，并优先评选学校的三好学生、优秀班干部等。

为了巩固七色花评比栏的激励效果，我还把花瓣的发放范围扩大到家庭。我把七色花评比栏的实施方案告诉家长，每当学生达到一项要求，就奖励学生一个色彩鲜艳的七色花瓣，有的家庭甚至还把发放范围扩大到了社区。原来特别内向的小佳佳高兴地说："在家里，妈妈给了我黄色的花瓣，夸我主动劳动、不挑吃穿；在学校，老师给了我绿色的花瓣，夸我专心听讲、作业工整；在社区，爷爷给了我橙色的花瓣，夸我最有礼貌。"

自从有了"七色花评比栏"，班级发生了明显的变化。首先让老师们感到惊喜的是，班里的纪律明显好了，课堂上孩子们饱满的精神让老师为之振奋。

不时有同学从我这里领走各色花瓣：品学兼优的吴杰经常主动给成绩较差的同学补课；曾经出口成"脏"的小毛开始开口"你好"，闭口"谢谢"；整天泥猴似的兵兵像换了一个人似的，个人卫生变得干净整洁，就连动不动就用拳头"说话"的小胖也学会了以理服人，并常帮助弱小的同学，赢得了大家的尊敬。更令人高兴的是，争创"七色花"的活动也感染、带动了其他班级，越来越多的同学加入活动中来。我的信封里的花瓣越来越少，我管理学生也越来越轻松。"七色花评比栏"让我班的管理制度化、规范化，学生逐渐养成了学习、守纪、讲卫生等方面的好习惯，我班各方面的工作都走在其他班的前面，得到了学校老师、领导以及家长的一致好评。

这天，小佳佳悄悄告诉我："老师，我梦见校园里到处开满了七色花。"是的，七色花不但已经开满了校园，还开到了学生的心坎上。

山东省潍坊市奎文区孙家小学　庄明华

4. 我们班的"感动人物"

现代人的生活节奏越来越快，不知不觉，连我们的教育也变得匆匆忙忙，以至于时常忽略身边那些令人感动的事，忽略了其中蕴含的巨大的教育能量。直到小旸同学生病那天，我才意识到"感动人物"的力量是无穷的，哪怕只是班级的感动人物。

那天，小旸因感冒请了一天假，这竟然成了班级的一件大事。她负责的工作——检查家庭作业记录本没人做了，几个小组长不得不把收好的本子送到我手里。我正在犹豫，班长站起来说，昨晚，小旸打电话给她，委托她今天检查一下家庭作业记录本。在小旸看来，班长自然是有这个"权力"的。

我批改循环日记时一打开，只见第一本就是小旸写的。咦，她不是生病请假了吗？日记怎么交在这里了？我问班上的同学。小天连忙解释，是今天早上，小旸把日记交给她，请她带来的。小旸还对她说，如果不把循环日记本带来，今天写的同学就没办法完成了！再看她清秀工整的字迹、精美别致的插图，一如往常，哪里像一个生病的孩子完成的作业啊！

我批改这个星期的小作文时，读到小旸写的作文《工作第一，学习第二》。文中写道：我的工作是语文老师助理和数学小组长。每到中午，就算有再多的作业，我都会暂时抛在脑后，开始一本一本地检查同学们的作业记录本……如果还有时间，我会继续检查我们组的数学作业本。如果哪个同学有错误，我就会一步一步教他们做题，直到明白为止……看来，小旸说的"工作第一，学习第二"，不就是班级第一、自己第二，同学第一、自己第二吗？

小旸不在的这一天，我三次被她感动，决定把这份感动与孩子们一起分享，来一场"感动大接力"。孩子们听着我的叙述，也都被小旸深深感动了。于是，我们决定也要让她感动一次，把我们的感动传递给她。

第二天，小旸来上学了，大家尽量表现得像什么事都没发生，而且什么事都不会发生。上课了，我说："我们班有一位同学，她以非常认真的态度对待工作和学习，她的行为感动了我们班的每一位同学，也包括每一位老师。"接着，几个孩子分别叙述了她的"感动事迹"，最后，我们一起说："她就是——施一旸！"这时，我们请小旸站起来，然后所有同学起立，面向小旸，一起给她鼓掌，并有节奏地大声呼喊她的名字："施一旸——施一旸——我们离不开你！"当时，小旸和在场的每一个孩子都感动得热泪盈眶。

为了让感动进行到底，我轻轻地说了一句："嗯，今天的日记又有内容可以写了！"

果然，孩子们的日记纷纷记录下了这一时刻。

小杰写道：

我们的呼喊声像潮水一般，一浪高过一浪，一个喊得比一个响。手掌都拍麻了，大家还是没有要停下来的意思。掌声、呼喊声都在告诉她：施一旸，你是最棒的，我们为你而自豪！我再看看施一旸，她露出了淡淡的微笑，我想这掌声也是她应该获得的。

小健写道：

每个人都有自己的工作，有自己的岗位。但正像老师经常说的：每个人还要在班级里找到自己的位置。施一旸同学用自己的实际行动找到了自己的位置，成为我们班离不开的同学。我们每个人都要做一个大家离不开你的人。

……

小旸的日记也记录下了这份感动：

同学们把最热烈的掌声送给了我，心里感觉暖洋洋的。那一刻，我差一点就流下泪来。大家的掌声完全出乎我的意料，这掌声也让我明白班级宣言"别人因我而幸福"的真正含义。

从这以后，每逢班上有让人感动的人或事，我都会与孩子们一起分享，孩子们也把他们看到的讲给我听。同时，我们也会像中央电视台每年评选"感动中国人物"一样，写下"感动班级人物"，再读读他们的故事。每每这个时候，大家都觉得特别幸福，也觉得自己高尚了许多。

其实，即使是再平凡的生活，我们身边也并不缺少感动。在忙忙碌碌而又平平常常的教育生活中，我们更加需要发现这份感动，传递这份感动，分享这份感动，记录这份感动，让这份转瞬即逝的美好情感长久地留在每个孩子的心中。

江苏省苏州市工业园区第二实验小学　蒯威

5. 照片评语卡

每当期末来临，班主任就开始头疼了。因为此时除了期末考试、阅卷等常规工作外，还要给每个孩子写评语。评语虽是一种很好的教育手段——拿到一份好的评语，这个学生的个性特点就跃然纸上。有经验的班主任会在不长的篇幅中，既充分肯定学生的点滴进步，鼓励学生树立更高的目标，又能适当指出缺点和不足；既使学生能正确认识自己，明确今后努力的方向，让学生体会到班主任的良苦用心，又能让家长全面详实地了解子女的情况，有效配合学校的教育，促进子女的成长——但班里五六十个孩子的评语到底该怎么写？套话式的评语，家长看了会觉得老师不负责任，学生看了会觉得毫无意义。

正当我为如何写评语苦恼的时候，丈夫把为女儿拍的相册拿回来了。女儿甜美的笑容和身后五彩缤纷的背景，还有那些我记录她成长以及祝福的文字，都让我回想起她从出生到十岁这十年间那些难忘的岁月。我灵机一动，何不给学生也设计一个这样的评语卡呢？

我开始从博客里寻找这一年来留存的照片，精心为每位学生选取最有意义的一张。如果有个别学生实在找不到合适的，我会再组织一些小活动，专门拍下他们的身影，弥补自己的粗心。有了照片只是第一步。然后我让组长给组员写评语，班长给班委成员写评语，让其他学生为五位同学写评语。这样，我就能收集到来自学生比较中肯的评价了。接着，我请科任老师帮忙写五六个同学的评语，以便能够更好地了解老师们对某些孩子的评价。最后，我给家长发短信息，请他们给自己的孩子一个中肯的评价和祝福，并用短信回复给我。

有了这些素材，我学的 photoshop 技术就有了用武之地。我给学生的照片换了一系列的背景：如背景为清华大学、北京大学的图片，英姿飒爽的三军仪仗队，国外的风景名胜等。这些背景的选择依据主要来自我平时的细心观察和对学生的引导，以及举行演讲等活动时的记录。选好的图片本身就是老师对同学无言的希冀。图片在孩子们的心里种下了一颗理想的种子，相信这种子会在他们的心里生根发芽。我把学生、老师、家长的评价都放在照片中的相应位置，既清晰大方，又一目了然。然后去照相馆冲洗出来。

当孩子们看到自己的照片嵌在一张寓意深刻的图片上，又读到同学的真心话、老师的评价与希望和家长的祝福时，感动、振奋之情油然而生。他们都小心地把这张照片拿回去，放在家里最显眼的位置，甚至有的家长跟我要去电子版，把照片放大了挂在家里。

这种照片评语卡彻底改变了评语出自班主任一人之手，既单调又片面的现状。它为学生留下了一张珍贵的照片。它也尊重学生的自主评价，促使学生自我反思、自我发展、自我提高、自我完善，同时，它又整合了其他科任老师和家长的意见，为更全面、真实、公正地评价每一个学生提供了基本保障。我从 2009 年开始使用这种照片式评语，不但获得了学生和家长的一致好评，还有力地促进了我们班集体的建设。

山东省潍坊市高新区实验学校　侯燕

6. 别开生面的学期评语

临近期末，几乎每位班主任都在绞尽脑汁思考如何给学生写学期评语，可是，我们在用丰富的词语为学生画完画像之后，可否想过，它和生活中的那个人是否相像呢？要知道，学生在老师面前往往是拘谨的，所以，我们写出的评价只是一个片面、模糊的影像而已。

怎样才能让家长更全面、更真实地看到自己孩子的表现呢？经过思考，我决定采用一种全新的方式——师生共评。每逢期末来临，不仅我要给学生写一份期末评语，我还要组织学生相互评价。我认为，进入中学的孩子们对于是非善恶已有了自己的评判标准，他们能胜任这份"工作"。

我在离期末考试大约还有二十天就把写着全班学生姓名的小册子装订好，放在教室一角。由于发现同学们对星座比较感兴趣，为了增加互评活动的吸引力，我特别在每个学生的姓名后加上了属于他们的星座名称。每个同学都可以给自己想要评价的同学写评语，内容可以是这个学生的性格、学习、爱好等某一方面或多方面，评价可以署名也可以匿名。同学们对互评表现得很踊跃，有的在教室里一气呵成，有的则拿到家里细细琢磨之后再给出评价。

经他们的笔写出来的评语往往比老师写得更真实、更有趣、更能打动人心。"你不要埋头苦学了，你该减肥了，美好前程要好成绩，也要有好的身体呀"，"你太斯文了，应该 man 一些"，"你的思维够活跃，可是太活跃了就有骄傲的嫌疑哟"……这些与老师的笔调有着明显区别的评语，看起来有些令人忍俊不禁，可是细细品味，还真是入木三分呢！

为了使学生互评的内容更加完善，我又在"同学评价"之外加上了"同学寄语"一栏，可以对同学提出下学期的希望和要求，这对被评价的同学起到了不小的鼓励。

在学生互评刚刚起步的阶段，出现了一些负面现象：有的同学得到的评价很多，而有的同学却几乎没有人评价，更有同学为报复别人而写一些不符合实际的事情。意识到这一做法存在不妥之处，我当即进行完善，要求在同学们给出评语后的一个星期内，无论对同学褒奖还是批评，都要经过全班同学讨论，确认是否属实，对于那些确实有失公正的评价，予以更正。

经过完善，同学们在彼此监督下评语写得越来越客观。通过学生互评，同学们不仅看到了更真实的自己，那充满真情的语句也增进了同学之间的交流，加深了他们的感情。

记得有这样一位学生，学习成绩优秀，可是由于不爱和同学交往，所以与同学间的关系很疏远。在期末互评中，有同学就以匿名的形式给她留下了这样的评语："我真羡慕你优秀的学习成绩，可是假如你闲下来时，常与同学们聊聊天，我想你会拥有很多朋友的！"可别小看这几句话，它看似简单，作用却十分巨大，它鼓励一个性格内向的学生勇敢地向同学们敞开心扉。

我采取学生相互评价这种形式，初衷是让同学们能更真实地看到自己，家长们能更清楚地看到自己孩子的表现。令我没有想到的是，同学们都很喜欢这种评价形式，他们说，老师笔下的自己是呆板的，而同学们笔下的自己是活泼的。并且，自从开展互评活动后，班上的纪律明显好转了，那些常犯一些小错误的同学，渐渐地改正了自己的错误，因为他们知道，一不留神自己就会被评价！

我的"学生互评"得到了大多数家长的赞成，有的家长打来电话向我表示这种形式很好，让他们从不同的方面了解了孩子。有的家长甚至还向我提建议，希望让他们也写上两句，作为向老师的反馈，就更完整了。

我想，在我们的共同努力下，学期评语定会越来越完善。

河北省唐山市丰南区农业技术高级中学　李晓燕

第五辑　好创意巧解教育难题

　　教育从来不是一件简单的事，遭遇教育难题，也许正是教育的大好契机。班级生活中发生的很多事情都蕴涵着丰富的教育资源，一个班集体的建设需要班主任具有化解一个个教育难题的智慧。用一个个巧妙的创意，让所有学生都行动起来，参与进来，打造一个温暖友爱的班集体。

1. 亮出你的名片来
——换个方式与新生相识

教师总是送走一批批学有所成的老生，再迎来一批批求知若渴的新生，在迎来送往中充实着岁月，收获着成功。

以往，初识新生时我一般采用这样的方法：或让学生一个个站起来自我介绍，或让班长写出座位表贴在讲台桌的一角，或用旧的点名册来点名。但这样做除了让人和名字对上号外，我对学生的个性、能力等几乎一无所知。怎样才能让我与新同学的相识更有效呢？经过思考，再次接手一个新班级时，我换了一种方式。

那是一个三年级班级。走进教室，我首先进行自我介绍。然后说："班上这么多同学，一个个都像老师这样自我介绍，既要花费很多时间，又不可能让老师马上记住你们。这样吧，请你们今天回家后为自己设计一张名片！"

"名片？"学生们都很迷茫。

"是啊！大人们交往时，常常会递上一张小小的名片作自我介绍，这样可以让别人尽快认识你，谈工作、谈生意时也会更方便些。"见学生们纷纷点头。我趁热打铁，"你们也制作一张那样的名片，写上姓名、年龄、性格、爱好、优缺点等，有关信息越全面越好！除了写，还可以画，让你的名片图文并茂、色彩艳丽，一下子就能吸引住别人！"听罢，学生们跃跃欲试。

最后，我一锤定音："明天一到学校就亮出你的名片来，把它贴在桌角。制作的名片越有特色，老师越能快速记住你！"

听了我布置的任务，学生们议论纷纷。

第二天，我满怀期待地走进课堂。不出所料，一张张充满个性的名片早已贴在桌角。这些作品有的比较传统，模仿大人的名片，工工整整地写上姓名、联系方式、兴趣爱好、E-mail；有的设计新颖，画上充满童趣的图案，把姓名藏在花蕊里，把性格特点写在彩虹上，把家庭住址写在小房子上；有的大胆创新，制作异形名片，花朵形的、小屋形的、蝴蝶形的……孩子们的想象力、创造力让人叹服。

于是，我很快就认识了这些可爱的新学生。老师能这么快就叫出自己的名字，学生们非常开心的。这种别开生面的相识方式，拉近了我与学生的距离，学生们都乐于亲近我，愿意接受我布置的各项任务。

更重要的是，我除了知道他们的姓名外，还了解到更多的信息。诸如，哪些同学能力强，哪些同学态度好、做事认真，哪些同学比较有创造力，哪些同学热情大方，哪些同学胆小害羞，哪些同学需要格外关注。这为管理班级、开展教学、培养得力助手奠定了基础。

学生们也有很大收获。他们获得了动手体验，书写、绘画等能力都充分得以展示。过了几天，我让他们把设计名片的原因、制作过程及设计思路写成一篇习作《我的第一张名片》。学生们写出了接受任务时的惊奇、执行任务时的兴奋和热情、完成任务时的喜悦以及希望老师早点记住自己的期待。大家都表达了对这种相识方式的喜爱。这次经历成了他们一段难忘的体验，在以后的一些习作中，不少学生还常常想起它，将其作为自己作文中的素材。

一次小小的改变，不但让我体验到了成功和快乐，还让我体会到，教无定法，只要肯动脑筋、肯摸索，一定会在教学之路上不断创新、不断体验喜悦。

福建省福州市屏山小学　陈秀梅

2. 第一次亮相

我在一所九年一贯制的学校工作,这次,我接手的班级是七(2)班。

在接手一个班级之前,我总会给自己定一个目标:把它建成一个温馨的集体,让每个同学都能感受到来自他人的关爱、温暖和力量。每年九月底学校都有一次运动会,对于一个新组建的班级而言,这是第一次在全校大型活动中亮相,把握住这次机会,良好的班级氛围可以初步成型。

一、报名动员

学校发了运动会报名表后,我让体育委员动员同学自愿报名。

下午,体育委员跑过来诉苦:"老师,他们都不肯报1500米长跑!"

"没关系,我自有办法!等会儿班会课看我的吧。"

其实,中午时我已经去体育室借来了去年的运动会成绩汇总表,这可是报名的有利依据。汇总表中我发现,我所带的这个班级在去年的运动会中短跑的优势明显,男生和女生的优势都集中在短跑,跳高跳远也有得力的人选,长跑薄弱了些,没有人报名也是在意料之中的。好在长跑是我的优势,所以我胸有成竹。

班会课上,我故作神秘地问同学们:"猜猜看,如果让张老师报名,我会报哪个项目?"

"100米!""200米!"……

"我的最好成绩是大学时系运动会（15个班级）1500米第一名。"

"哇！"大家都惊呼。也有同学看我个子不高，表示不信。

锁定最矮最小的男生杰，我问他："你1000米测试及格吗？"杰不好意思地摇了摇头。"想不想及格？"杰用力点点头。

我面向大家："其实长跑是最容易练好的，我读初中的时候体育特别差，800米从来没有及格过。高一时经过一个月的坚持训练，我开始在运动会1500米上拿名次了。建议想提高长跑成绩的同学把这次运动会当作提高的机会，我会每天陪你们一起训练。"这次，报名的同学达到十几个。我带大家到操场上去跑，取男女各前三名报名，其他人一起组建班级长跑队，每天安排时间进行训练。

二、排兵布阵

这次运动会我们处于非常不利的地位。参加比赛的从三年级到中专一年级共8个年级，两个年级为一个级别，按年级从高到低分为甲、乙、丙、丁四个组。每个组总分相同，但是，除了我们所在的乙组七、八年级共六个班级，其他三个组都只有四个班级。首先，我们在平均分上已经失利很多。其次，从七年级到八年级是孩子身高力量增长最快的时期，年龄的差异也使我们明显落后。但是我们也有有实力的选手，如果合理布局，还是有可能取得好成绩的。所以，这是一次让学生体验知难而进的绝佳机会，无论结果怎样，努力过，就是我们最珍贵的回忆。

放学后，我留下几个主力开会，分析每个人报的项目和可能遇到的对手，然后安排体育委员和大家分头去打听几个对手报名的项目，以便做出调整。

运动员的排兵布阵只是班级在运动会上取得成功的一个方面，毕竟，只有少数人参与的活动不可能体现一个班级的整体风貌，所有人的参与才能体现每个人在班级中的作用。在选报运动员之后，我立即把没有运动项目的同学组成保障队，他们的任务是训练时陪伴和协助运动员，帮助记录成绩或准备场地，比赛时负责照顾运动员、终点接人、拉拉队、运动会实时报道等，让每个人发挥特长。

在历时一天半的比赛中，大家并没有严格按赛前的分工来做，每个同学都尽力做得更多，没有项目的运动员也常常参与到保障队中。学会照顾、关爱、鼓励，不只让运动员全力以赴，也让参与保障的同学体现出了他们的一种价值。

比赛落下帷幕时，得知我们获得了中学组总分第一名时，同学们无不欢呼雀跃！

三、精彩回放

太多感人的时刻，不只是在那一天半的时间里；太多精彩的瞬间，也不只是在运动场上。让大家一同来回味每一刻的苦辣酸甜，这就是我们的成长。

我们创造了班级史上的第一个奇迹，并且还在不断地创造奇迹。

上海市今日学校　张丽芝

3. "地缘战术"破解拆班难题

开学第一天,我正在办公室整理学生注册材料,小晨突然急匆匆地来找我:"卢老师,你快去看看吧,班上同学们都在哭呢。"

"啊?"我连忙跟着她回到教室,果然,班上的男生们个个沉默不语,女生们个个泪眼盈盈。我心里不由得开始埋怨,都怪学校,要拆班不趁早动手,等学生都在原班报到了,才宣布拆班学生的名单,这让我这个新组合班的班主任难做,一上任就遇到悲伤的场面。

气只可鼓不可泄。一个新组建的班级,如果刚开始就弥漫着失望悲伤的局面,对后面班集体的形成是很不利的。

怎么办?

灵机一动,我做起动员报告来:

"我知道大家都舍不得原来班上的同学,伤心是难免的,但这恰恰说明咱们五(8)班的同学个个都是心地善良、有情有义的好学生。"

认同和赞扬的话,拉近了第一次见面的师生之间的心理距离。

"大家都注意到了,咱们班是非常有特色的。大家从不同的班级来,各有各的优点,可以说是'身怀绝技',有的是少林派的,有的是武当派的,哦,还有的是峨眉派的……我们这里可以说是武林大会。"

几句玩笑,让孩子们的表情缓和了许多,有的同学已经忍不住笑了起来。

"其实,大家可能没有发现,来咱们这个班的一大好处就是,你的朋友更多了!"

"你在原来的班级已经有许多好朋友，来到新的班级，又能认识许多朋友。想一想，到了明年毕业的时候，你比原来班上的那些同学多拥有多少朋友！这是多么划算的事。"

慢慢地引入正题，引导学生看到事情好的方面。孩子们都已经被我的话吸引，认真地听我替他们分析"好处"，我连忙趁热打铁，深入剖析。

"在同一个年级中，认识的同学多是大有好处的。别的不说，就拿借课本来说吧，突然遇到老师临时调课，比如说要上音乐课，你原来班上的同学，肯定急得团团转，因为他认识的同学全是同一个班上的，一人没带全班没带。可是，因为有了你，你的朋友有救了！他只要找你，就可能借到需要的课本。不过，也有个'坏处'，那就是——"我故意停顿了一下，"卢老师也担心，来找你借书的人太多，你突然变成万众瞩目的明星，衣服会不会被扯裂了呢？"

想到自己"偶像"级的待遇和那种好玩的场面，好些同学"扑哧"笑出声来。

我继续描述："你自己借书，那就更方便了。既可以到原来的班借，还可以打听一下，哪个班的同学带了课本，不管一二三四五六七哪个班，你从咱们班上带一个'中介'过去，准借得到，那简直叫'手到擒来'。"

这时再看班上坐着的孩子们，那真是眉开眼笑"愁何在"。我略微松了一口气，开始观察班上的情况。这一下，又发现了新的问题！

原来，这些孩子是在原来班级宣布拆出来的名单后结伴走来的，来后和原来班级的同学坐在一起。这怎么行呢？旧的小团体没有打破，新的班集体就无法顺利成型。可是，直接下命令显得粗暴，再说孩子们对不能和原来班级的同学坐在一起也不理解。这时，一项常规工作马上就要进行——安排座位。

我用了多年班主任工作磨炼出来的老办法，先把男女分开，按高矮排成两列长队，然后再请视力不佳的同学举手，往前调整若干个位次，接下来男左女右从前往后依次入座。三分钟不到，全班同学已经各就各位了。

身边不再是原先熟悉的同班同学，孩子们都期待着新的开始，一个新集体的面貌呈现出来了，我高兴地环顾着教室，满意地点点头，开始安排各项班级事务。

不断变换集体环境对孩子身心的成长虽然不一定是好事，但小心翼翼地顾及孩子们敏感的心，帮助他们及时地融入新环境，却是一位班主任应当做好的事。

福建省福州市鼓楼区教师进修学校　卢声怡

4. 我认识你

无论是小学还是中学，每次新生入学，或者是拆班新组建的时候，班主任都要面对一个新成立的班级。人的集中并不等于集体成型，班主任面临的最大挑战就是迅速建立起一个团结互信、友爱上进的班集体。此时，有趣而且针对性强的班队活动是个好办法。

接手新班级的第一天，在作了安定军心的讲话之后，我总是话题一转，宣布："后天，我们班要举行一次班会，这将是我们班的第一次活动，你们知道是什么吗？"

孩子们开动脑筋，你一言我一语地猜开了。

有的说："竞选班委？"

"这事可以在下周的正式班会课上再做。"

有的说："制订班级公约？"

"这也不急，我们'约法三章'就行。"

"那会是什么呢？"孩子们不猜了，热切地望着我。

我神秘地宣布了活动的主题："我们要进行一场比赛，叫做'我认识你——人气大比拼'！"

"啊？""人气，什么叫人气？""人气要怎么比呢？"虽然这些同学彼此认识不久，但这个有趣的名称让他们纷纷议论起来。

"我们班是新组建的，大家原来互相不认识，在三天之内，谁能够让同学们更多地认识你，或者说谁能认识更多的同学，那就是最了不起的，这就叫人气。"

"啊！明白了！"

很快，下课后我就看到不少孩子已经有意识地观察起周围的同学来。

男生们有的胆子比较大，居然拿着本子四处出击："你叫什么名字？能让我记一下吗？""帅哥，能不能把名字写给我啊？"

女生多数比较羞涩，但她们充分发挥了爱抱团的特点，三五成群，交头接耳，指指点点，看样子，她们很快就能把班上的同学数了个遍。

看到班上的孩子们课间都聚集在一起，昨天还是陌生人，今天却像一群相识很久的老朋友，我不由得在心底暗暗地笑了，接着又宣布了一个原则："你们要注意，把别人的名字叫错了和写错了，可是很不礼貌的，也不能算数哦。到比赛的时候，我们要求写出名字来。"

"啊？赶快让我看看你的名字怎么写！"教室里又是一阵忙乱。

很快地，第三天到了。

我走进教室时，同学们已经信心满满地端坐在座位上等着了。黑板正中，不知道是哪位同学已经写好了"我认识你"几个大字，看这功力，将来班上的宣传工作不愁了。

"这个比赛可是非常特别的哦，不要加油声，也不要你使出吃奶的力气，一切都要静静地来，靠你的眼力，讲的是'稳、准、狠'。当然，先要看稳当，这个同学是谁，然后要写准，错字别字一律不算；最后，如果你没记住某个同学，就要对他（她）多看几眼，一下课就去打听，亡羊补牢哦。"

在一阵笑声中，比赛开始了。

"第一位"，我随机走到一个座位前，有礼貌地请座位的主人站起来，并且开玩笑地拉着他转了一个圈，做了个"展示"。

"我知道，王小明！""嘘！不能说出来！""对，对，对，差点忘了。"

全班正在埋头写着，突然又有个同学叫起来："哎呀，老师，他是'明星'的'明'，还是'名人'的'名'呀？"

"先纠正一下，我是卢老师，不是哎呀老师。再说两天了，你连明星和名人都没搞清楚,看来这'粉丝'你是当不成喽。"

"啊,我想起来了!"

看着他奋笔疾书的样子,我不由得笑出声来。

"第二位","第三位"……全班四十多位同学,十几分钟就都展示了一遍。

"现在进行统计和查对!"我宣布,"第一位同学,请上来做一句话的自我介绍,并在黑板上写下你的名字。"

"我叫王小茗,既不是明星的明,也不是名人的名。这个茗,是茶叶的意思。"他在黑板上写完后,又补充说,"其实我的名字在课本封面上都写着的。"

"哎呀,你好好的叫什么王小茶叶呀?这下我可认识你了。"有人叫苦不迭。

我一指黑板,说:"很好,要的就是——"

"我认识你!"全班同学顺着我指的方向一起大声地说,随后满堂大笑。

比赛的结果出乎许多同学的意料。班上的同学在这短短的三天内,已经基本上互相认识了,只有四五个同学因为名字难写或字比较生僻,所以被别人写错的比较多。

虽然涌现出一大批"并列第一",我仍然很认真地统计比赛成绩并公布了结果。而且我告诉孩子们:"进入一个新环境,能够快速地熟悉和适应,这是将来的社会中每个人都需要的本领。这样的人,会让自己所在的集体更美好,而这样的集体,也会因为这样的人而更团结。"

我们是新班级,但我们已经互相认识了。一见如故,相见欢,不是吗?

福建省福州市鼓楼区教师进修学校　卢声怡

5. 用勤劳的双手装扮最美的教室

"家和万事兴"，在我看来，一个温馨和谐集体的建设固然需要团结友爱，需要积极向上的思想和价值观，但更需要大家齐心协力。因此，从2004年当班主任开始，我在多轮班集体建设中必用的一个抓手，就是粉刷教室的墙壁（下称"刷墙"）。

刷墙源于我20年前的记忆。上小学四五年级时，为了保护学校里一棵没有花坛的古树，我自发地和好朋友用红砖块垒起了一圈花坛。尽管我们把水泥这类粘合剂当成了涂料，但是当时路过的校长并没有取笑我们，而是和我们一起用这种"粘合剂"垒好了花坛。这以后，我不仅收获了对水泥等建筑材料的认识，更是每天路过时总在树边驻足，把已经松散的花坛再整理一下。我感觉劳动能让人聪明，能让人心情舒适，能让人产生自豪感，还能培养责任感，形成团结合作的氛围。因此，劳动是我一直喜欢的！

当然，除此之外组织刷墙还有两个因素。第一，我们学校有一百多年的悠久历史，而教学楼也已有四十多年的历史，虽重新装修过几次，但每个教室的墙壁过了一段时间就会变得灰暗斑驳，看着很不舒服。如果把墙壁刷得干净漂亮一些，那么整个班级从集体精神和情感上都是饱满的、奋进的；第二，"80末""90后"的高中生普遍欠缺劳动的主动性和技能，集体责任意识不强，这种集体刷墙的方式正好锻炼了他们的合作能力和动手能力！

当我把这个安排告诉学生们时，他们充满了意外和好奇。他们虽见过，但没有一个人亲自刷过墙，也不知道需要准备什么材料。为了鼓励全体学生积极参与，我首先强调：允许不成功，允许质量不高，但必须人人参与。并特地将这件开学第一大事交代给几位班委，提示他们考虑几个问题：（1）准备工作；（2）过程管理及全员调动的方案；（3）收尾工作。

我们的班委经过几次高效的会议，很快制定了简练的方案。他们将全班成员分为四个工作小组，分工如下：

（1）宣传报导组：主要负责此次活动的影像记录，包括感动瞬间、精彩片段等，作为我们班级文化建设的一部分内容。

（2）材料和器材购买组：通过家长了解刷墙所需的器材，购买价格实惠的涂料，并总结经验，事后进行知识普及。

（3）教室动迁组：负责在刷墙之前将教室清场，刷墙之后回迁各种设施。

（4）后续工作组：负责教室卫生的重新打扫和组织学生进行教室的美化装点工作。

就这样，我们的学生把一件装修工人认为是平淡小事的工作组织成一项分工缜密的工程，人人有事干，事事有人干。

到了周五，班长镇定自若地上台宣布：我们的准备工作基本到位，之后强调了几个要求：

（1）请于明天上午7:30到达班级，8:00准时开工，没有重大事情不要请假，因为这是集体生活的一部分。

（2）各位成员根据分工各司其职，并注意安全。

（3）请大家明天穿旧衣服，以便打扫。

（4）请劳动委员给大家演示如何使用刷墙器材——滚筒。

班长细致布置后，我肯定了她的组织能力，也给所有学生送上了周末快乐的祝愿，并对所有学生的表现表示期待。

周六一早我来到教室时，同学们已经早早地戴着纸折的帽子，在教室里准备开了，静谧的教学大楼一下增添了很多生气。一阵"轰轰"的桌椅搬迁声后，大家拿起小滚筒欢快地开始劳动。一开始，有些人小心翼翼，怕沾到涂料。后来大家发现，沾到涂料是不可避免的，于是都捋起袖子"大干快上"。一时间,有人欢快地唱着《我是一个粉刷匠》,有人在互相交流心得,有人在互相比较劳动质量,有人在互相"嘲笑"同伴的"花猫脸"……一个个镜头被拍摄下来,成为我们珍贵的记忆!

在劳动快结束的时候,大家不管自己是否是该小组成员,争先恐后地将地上的痕迹清除,将桌椅复位,洗刷劳动用品,帮忙布置教室,互相拍照留念……瞧!团队的熔炼就这样自然而然!同学们不仅在劳动中学会了团结互助,而且真切地体验到了劳动和快乐。

作为班主任,通过这样的活动,我可以观察了解我的新学生。包括注意研究方法、动手能力强的同学,积极关心集体、充分考虑细节问题的同学,责任心和奉献意识强或弱的同学以及学生交往的情况,这些都为我以后的工作开展奠定了良好的基础。

我始终相信,一个班集体的建设必须有班主任的积极引领,但也必须让所有人都行动起来,参与进来,才能达到真正的高效,才能打造一个如家的集体!

江苏省苏州市第一中学　朱勇

6. 突发事件：让我们一起处理

再优秀的班集体都会有意外情况出现，就像文明的社会里也会发生恶性事件。关键是看班主任如何处理，处理得当，是对孩子们的一次教育，处理不当，会造成孩子们有再犯的心理。在班级突发事件的处理中，不少老师为了避免影响扩大，悄悄地把事情处理完毕。其实，这样的处理方式会让孩子失去一次受教育的机会。

在班级生活中，孩子才是真正的主角。当孩子之间发生矛盾时，班主任应采取对孩子最有益的方式处理。以下举例，是我班孩子发生的一次矛盾。

那天吃完午饭，全班同学到教室休息，我也回到办公室休息一会儿。谁知，我刚坐下喝了两口水，就有一个孩子气喘吁吁地跑来叫我："老师，出事了！"我赶紧跟他回到教室，眼前的一幕把我惊呆了：只见小余的课桌翻倒在地，课本、文具一片狼藉，他的情绪异常激动，还好被两三个同学死死地拦住；同桌小杨正蹲在地上，整理自己的书包。两个孩子不停地互相指责、争吵。直到我出现，他们才安静下来。

看到这一幕，我也异常震惊：平时对孩子们说过同学之间要相互尊重、相互关心，遇到事情要冷静、不要冲动之类的话也没少说。什么事情能让两个孩子这样大打出手呢？望着两个犟牛一样的孩子，再看看一地的课本、文具，我尽量用平静的语气说："五分钟时间，把自己的课桌整理好，其他人回到自己的座位上。"教室里立刻安静下来，小余和小杨各自整理自己的物品。此时我也在思考：显然，这种情况似曾相识，相同的话也不止讲过一次，可眼前发生的一幕，说明以前对他们的教育效果并不理想。现在，是一次挑战，也是一次机会，决不能再搞老生常谈了。

五分钟很快到了，我平静地说："孩子们，刚才教室里发生的这一幕老师没有看到，所以老师想邀请全班同学一起帮助我处理今天的事情。你们愿不愿意？"我说得很真诚，孩子们也都点点头。"要把事情处理好，我们首先要了解事情的真相。"我还没说完，坐在小余后面的小单起来说："老师，我看见了，是——"我做了个暂停的动作："这样吧，既然大家一起来处理，应该先请小余和小杨自己把事情讲清楚。如果他们讲得不完整，或者不一致的时候，我们再请其他看到的同学补充。"很显然，小单的话提醒了两个孩子要讲真话、说实情。

小余先说话了："是这样的，回到教室后，我准备读课外书，小杨好像要写作业。这时，前面的同学把要订正的英语本传过来。反正我没有要订正的，我就把本子又传给后面的同学。"

没等小余说完，小杨抢过话头："你没要订正的，难道别人也没有吗？老师，他明明知道我的英语作业要订正，可他偏偏把本子传到后面，他是在故意跟我作对，故意给别人添麻烦！这跟我们班'让别人因我而幸福'的班风不符，这种人……"

看到小杨越说越激动，我及时引导："这样，你们先把事情的经过讲清楚，谁对谁错等会儿由大家来讨论。"我这么一说，小杨的情绪平静下来。

小余接着说："我看到小杨把自己的英语本拿了回来，可她又过来拿起我看的《猫笑日记》放到了前面同学的桌子上。"说到这里，我看了一眼坐在他们前面的小健，小健表示书的确是小杨放在他桌子上的。"我很生气，就叫小杨到前面把书拿给我。可她只顾自己订正作业，怎么都不肯把书还给我。我实在忍不下这口气，于是拦住她不让她写作业。"

小杨插话说："他不是不让我写作业，而是拿笔在我的本子上画了长长的一道。"小杨一边说着，一边委屈地哭起来，还扬起手里的英语本。这时，坐在他们后面的小可说："我确实看到他们先是你一句我一句地吵，后来小余先拿笔在小杨的本子上画的。"在事实面前，小余也不抵赖："是我先画的。可我才画了一笔，小杨就过来把我的书撕了。"说着，小余也举起了已经撕掉的书面，"后来我就过去在她的本子上又画了几笔，她就过来把我的桌子推倒了。"小杨听了点头表示同意，其他同学也没有再补充什么。

此时，我说："看来，小余和小杨两位同学都比较诚实。事情的经过清楚了，那这件事应该怎么处理呢？"

孩子们特别积极。小琪说："我觉得这件事是小余引起的，他在传本子的时候根本没有为同学着想。所以我认为他应该承担主要责任，赔偿损坏的物品，并向同学道歉。"

小天有些不同意，他说："我认为小杨的行为也不对，而且小杨在这件事的过程中特别容易激动，让事情越来越严重。我觉得小杨应该学会控制自己的情绪，不然以后还会有更严重的问题发生。"

小蒋又补充："很明显这件事两个人都有责任，要是其中一位同学让一步，就不会有这样的事。所以，双方都应该为对方赔偿物品。"

……

孩子们各抒己见，听着他们说出的这些本来该是我讲的话，我明白了其实孩子也有自我教育的能力。究竟该怎么处理这件事呢？我决定给小余和小杨一次机会，让他们自己说说解决的办法。

两人想了一会儿，小余先发言了，他有点哽咽："其实大家没说之前我也觉得这件事是我引起的，虽然我没有要订正的，但本子传到我这边时也应该问一下小杨需不需要订正，是我给同学造成了麻烦。我愿意承担责任，损坏的东西由我负责赔偿。"说着，他面向小杨说了声"对不起"。

小杨也没有了先前的激动："听了大家的意见，我感觉本来这件事不应该这么严重，主要是我不能控制自己的情绪，才造成了现在的结果。我妈常说我遇到事容易激动。今天同学们也说了，我会从这件事中吸取教训，慢慢改正。所以，我也愿意承担责任，英语本上的作业我自己重补，也算对自己的一次惩罚。"

"大家还有什么建议吗？"我问。这时班长小武一锤定音："虽然他们的办法不一定是最合理、最公平的，但都是他们愿意接受的。我们尊重两名同学自己的处理！"这时，教室里响起一片掌声。

其实，班级生活中发生的很多事情都是很好的教育契机，都蕴涵着丰富的教育资源，大部分情况下，班级突发事件的处理邀请孩子共同参与，是对孩子自我教育的一次唤醒，是同伴教育功能的一次放大，也是教育全体同学如何面对类似问题的一次良机。

江苏省苏州市工业园区第二实验小学　蒯威

第六辑　好创意才有好帮手

班主任想要寻找更多的好帮手，就要把班级事务的决定权最大限度地还给孩子，在保证大多数孩子满意的同时，发挥每位同学的主人翁意识，让孩子在工作中锻炼能力，建立充满生机与活力的用人机制，盘活班级管理人力资源。

1. 将"班级岗位"进行到底

岗位制的班级管理方法不是什么新鲜事物，但在我们班却不断升级，常用常新，大有一股要将"班级岗位"进行到底的势头。

一、基础版：自主申报 + 自己找岗位

"有岗位，就有地位"是我们班"班级岗位制"的最好写照，在班级管理中，对一个孩子最重的处罚就是暂停他的岗位工作。为了充分调动每个孩子参与班级工作、为同学服务的积极性，我改变了做法，列出岗位，让孩子自主申报。如果某项工作只有一位同学申报，就由该同学负责；如果有多位同学申报，则由这几位同学在班会上陈述申报理由，并由班委会讨论决定。为了进一步发扬"事事有人做，人人有事做"的传统，我还鼓励孩子自己寻找岗位、发现岗位，甚至可以创造岗位，只要是你自己找到的新岗位，这项工作就是你的。这么一来，孩子们果然找到了一些新岗位，像墨水保管员、失物招领员、小组会计，等等。"我的岗位我做主"，自己争取的岗位做起来也格外卖力、认真。

二、升级版：团队考核 + 分层指导

相对于以往独立完成岗位工作，我们班的班级岗位工作不是单打独斗。

以班级物品保管员为例，他所在的团队属于生活组，组长就是生活委员；而这个小组还包括墨水保管员、门窗管理员、水电工（开关电灯、电扇、饮水机）等七八名同学。每周班会课上，小组组长都要简要小结本周小组成员的工作情况，并接受全班同学的民主考核。所以，小组中每个成员在完成岗位工作的同时，也有责任提醒、帮助其他同学做好工作。除了每位班委作为组长直接加入到小组岗位工作中，班主任助理、班长、副班长等每人也加入两到三个小组的工作，和各位班委共同指导每位同学做好岗位工作。

三、梦幻版：代替班级干部制度

一段时间下来，孩子们都牢牢地记住了自己的岗位工作。有的孩子生病请假了，还特地跟小组里的同学联系，请他代为完成工作。有一回，班长有点失望地对我说："老师，我看我们班的班长也没什么用，几乎不用做什么事！"我听后笑笑："正是因为大家把工作都做好了，你才觉得没事做了！"说到这里，我也在想：会不会真有那么一天，班级岗位制完全取代历史悠久的班级干部制度呢？

江苏省苏州市工业园区第二实验小学　蒯威

2. 我们班有个"消防员"

我们班里有个"消防员"。消防员的主要工作是灭火,我们班上的这个"消防员"的工作也是灭火,不同的是,他们灭的是老师的怒火。

工作中,面对一些特殊情况、特殊孩子,我也有发火、动怒的时候。但每次发完火,除了身体感觉不舒服,自己的情绪也会变得特别低落。再回头想想教育学生的整个过程,根本谈不上什么方法、策略,有时表面上看问题好像是被压下去了,其实事情往往没有得到根本解决。再仔细观察一下身边的老师,我发现脾气再好的老师也有发火的时候,而一旦发起火来,不但说的话难听,教育的效果也很不理想。更让人难堪的是,碰到个别态度强硬或进入叛逆期的孩子,说不定会跟老师当面顶撞,甚至会引发一些教学事故,给老师带来麻烦。为此,在提高自身素养和教育艺术的同时,我也在思考解决对策。就这样,我们班的"消防员"应运而生。

"消防员"适合品学兼优、大方而又伶俐的孩子担任。原因有两点:一是对这样的孩子,老师一般不会发怒,对他们的意见老师也比较容易接受;二是面对突发情况,需要有随机应变的能力和良好的沟通能力。不过,"消防员"的工作毕竟有一定的特殊性、"专业性",为了让孩子能做好这项工作,我给孩子进行了"岗前培训"。我和孩子一起分析经常引起老师发火的几种情况,并针对每种情况给出"灭火"的方法。比如,因为一些集体问题、同学矛盾等引起老师发火的,"消防员"可以让老师先喝口水,让当事人以书面形式写清楚情况,这叫"冷处理"。在课堂上,有同学听课不够认真,老师再三提醒无济于事，最终引起老师发火，甚至影响教学秩序，这时"消防员"可以跟老师说："这样的同学要交给班主任，在班会上进行处理"，这叫"转移注意力"。

不久，教我们班音乐的张老师就来找我交流。原来，当天的音乐课上，窗外突然飞进来一只麻雀，课堂上一下子炸开了锅，几乎所有孩子的注意力都被麻雀吸引过去了，有的孩子学起鸟叫来，有的扬起手故意吓唬它。张老师在几名班干部的帮助下好不容易才把它放出去，本以为可以安心上课了，可经过这番折腾，教室里乱哄哄的，有几个孩子还在嬉笑。张老师一怒之下，说："好！这节音乐课改上作文课，每人写一篇作文，题目就叫'麻雀'！"这时，"消防员"小余同学出场了："虽然这件事是麻雀引起的，但我们班上的确有几个同学没有集体观念，纪律性差，应该受到处罚。不过，作文课应该让语文老师上，我们还是喜欢张老师给我们上音乐课，作文能不能课后再写呢？"说到这里，张老师自己也忍不住笑了。结果，自然是大家继续安静地上音乐课。

正所谓"医不自医"，这些"灭火"的方法用在其他老师的课堂上还行，要拿来自救还真有点难。一天中午，刚吃完午饭回到教室，班长就告诉我：小天又把餐厅的水果带出来吃，还乱丢果皮，被值日的老师逮个正着。我一听就火了，这个小天真是天天不省心，总是三番五次发生同样的问题。我把他叫起来，当着全班同学的面狠狠地说："从明天开始，一个星期不要吃水果了！"谁知他轻轻嘟囔了一句："我交钱了！"听到这句话我更火了："不懂规矩的人没资格谈条件！"眼看事态马上就要失控，这时，"消防员"小余站起来说："交了的钱也不好退，那就把中午的水果给他留着，让他晚上带回家吃。""不行，这太便宜他了。"我的语气中没有丝毫商量的余地。这时，小柯同学站来说："我觉得今天中午的事完全是小天的错，他把水果带出餐厅吃，影响了班级形象，他应该向老师和同学道歉。"班长小杨听了也起立说："这样的问题我们已经讨论过很多次了，小天也不是第一次犯。我也认为小天应该向大家道歉。"面对集体的呼声，小天只好低下头，向我和全班同学认了错。

　　事后，小余告诉我，他发现"消防员"只有一两个人干太危险，有时候还起不到"灭火"的作用，于是他找了几个帮手，这样人多力量大，效果也会好一些。我听后，感动地点了点头。

　　当然，就像现实中的消防工作一样，教育中的"消防"工作也要时刻树立预防为主的原则，并不能因为有了"消防员"就可以任由情绪泛滥。其实，在班级里设立"消防员"岗位，既是对孩子的保护，也是对老师的保护。

江苏省苏州市工业园区第二实验小学　蒯威

3. 小助理，大作用

如果问我们班干什么工作的人最多，孩子们会异口同声地告诉你："做助理的最多！"的确，不到五十个人的班级，做助理的就有将近二十个人。

为什么设这么多助理呢？一方面是提高孩子工作的积极性，一方面也是为了引导孩子养成既明确职责，又相互合作、相互帮助、集体冲锋的工作氛围。因而，最重要的是怎么设置这些助理的具体岗位。以语文课代表为例，就有五名助理，这主要是依据我校语文学科的作业情况配置的。我校语文作业主要有听写本、大作文、小作文、习字册和补充习题，分别为1、2、3、4、5号本。五名语文课代表助理的主要职责是分别负责这五项作业的收发、预检、订正，及时向语文课代表汇报作业数量、总体质量，特别是要督促、辅导个别写作业速度慢的孩子及时完成作业。

再说劳动委员，同样配有五名助理，分别在周一到周五指导值日同学完成值日工作，协助劳动委员检查各个小组的值日情况。此外，还有宣传委员助理、生活委员助理，等等。这样做最大的优点，就是助理工作特别明确，便于管理，便于为班级和同学服务。

除了这些常规工作的助理外，我们班还有一些特色助理。比如，做过语文课代表的同学，如果工作认真、成绩显著，就可以被聘请为"语文老师助理"。再比如，为了让更多的同学得到锻炼的机会，我们班班长一般不连任，必须间隔一届重新竞选。而那些做过班长的同学由于对班级管理工作熟悉、能力出众，我则聘请他们出任班主任助理。这样一来，班上的同学普遍都有担任各种助理、自我锻炼的机会。

那天早上出操,班上有一位同学没有戴红领巾。董雨钦同学便把他堵在门口:"要么你跟别人借一条,这样就不算你没戴;要么我借给你一条,不过还是要算你没戴红领巾!"这位同学急了:"你凭什么管我!"小董同学不卑不亢地说:"我是宣传委员助理,负责检查红领巾和校服!"结果,这位同学哑口无言。

孩子的工作能力是在工作中培养出来的。有了这么多小助理,他们各尽其责又相互协作,共同创造了和谐有序的班级生活。同时,这些小助理的工作也为班级选拔新的干部、安排合理岗位提供了良好的渠道。

江苏省苏州市工业园区第二实验小学 蒯威

4. 封官大典

周一早上，我走到教室门口，看见校长笑呵呵地站在教室门口跟孩子们说："早上光线这么暗，怎么不开灯？还有，值日生怎么忘了擦黑板？以后可得注意。"见此情形，我很难为情地对着校长笑笑："不好意思，让您费心了。""没什么，让孩子们以后多注意就行了。"说完，校长转身离开，到别的班级去检查了。我目送校长离开，有心想教训孩子们，但转念一想，又觉得不能全怪孩子们，这也与我平日工作比较粗心有关，是我对孩子们缺乏教育引导。于是，我把正要批评孩子们的话又咽了回去，打算找个合适的机会再跟孩子们好好谈谈。

下午第一节课恰巧是班会课，我很想结合早上校长的检查以及班上的现状跟孩子们聊聊，嘱咐他们今后应注意的事项。目前，班级确实存在一些问题，如上课忘了擦黑板、灯常常一开半天、窗台上的花一天到晚老渴着……可想到孩子们才10岁，加上期中考试我班成绩排在全年级第一，孩子们难免因为过于欣喜而疏忽了其他，如果这时我来一通暴风骤雨似的说教，肯定会打击他们的积极性。

正在发愁之际，突然想起前天看过张万祥老师《班主任创新工作艺术100招》中的"班级责任招"。何不效仿张老师，也来个责任到人。这样想来，我不禁有几分欣喜，于是清了清嗓子，开始一一夸奖最近一段时间表现出色的班干部，然后故弄玄虚："今天，老师觉得咱们班官还有些缺，准备再封几个，有意向的可以主动报名。"一听说要封官，孩子们一下子来了精神，一个个坐得笔杆条直,言外之意是:"老师,我最棒,就选我吧!"看到这群小家伙这样热情,我忍不住笑着说:"今天咱们的封官用自荐的形式,如果大家接受你的自荐,你就走马上任。"接着我又补充道:"早上校长来,你们大家都看到了吧,我们常常因为疏忽,总是忘了随手开灯、关灯,因此,我想封的第一个官是灯官,专门负责每天到校按时开灯,天亮了及时关灯,谁想当灯官?""老师,我来!"小力的呼声最高。"好,灯官就是你当了,不过总觉得灯官这个名字不够文雅,大家赶紧开动脑筋,取个好听的名字怎么样?""老师,叫光明使者怎么样?""不错,挺贴切,小力同学,希望你能随时根据大家的需要给我们送光明哦。""没问题!""下一个准备封个花官,谁来?""老师,我来!"小冲站起来领官。"好,这次谁来给花官起个别致的名字?""老师,叫花花公子怎么样?""哈哈……"我笑得嘴巴都咧了。"实话实说,花花公子可不够雅。""那花花少年,行吗?""可别拿我们小胖子开心了,我们可不是花花少年,我们是风华少年。""对了,老师,叫护花使者怎么样?""有创意。就这个了。"紧接着,针对擦黑板这一点,同学们又推荐了两大重量级高官,我们班上最高最胖的小勇和小亮,还给他们起了个美丽的官名"美容使者",并祝愿他们每天每节课监督协同大家把黑板真正"焗"成黑色。

　　一节班会课下来,几大"官员"被正式封完,孩子们都沉浸在幸福之中,我很庆幸自己没有发火,而且巧妙地把问题解决了,给班级带来了群情振奋的喜人场面。后来,这几位过去不起眼的"官员"三年如一日默默为班级奉献,并以自己出色的表现被大家评为"班级十大杰出人物"。尤其令人欣喜的是"护花使者"小冲因管理花出色而成为很多同学心中的偶像级人物,被不少同学写进日记中。这件事让我深刻感受到,作为班主任,在管理中要多尝试变换方法,以便实现高效、轻松的管理。

河北省唐山市开平区郑庄子镇安各庄小学　曹建英

5. 值日岗位认领制

周五,班委会例会上,卫生委员小馨汇报:周三早上,她去检查卫生包洁区的清洁情况,发现6个值日生只剩下4个人,且正拿着扫帚在追赶嬉戏,而包洁区还有大半未扫,最后,学校卫生检查时扣了我班的分。

还没等我发言,小豹抢着说:"老师,我们组的小天每天早上都来得很晚,每次值日都是我们扫完包洁区他才来。从开学到现在,他一次都没扫过。"

"我们组也是。放学后的值日,有好几次就剩我和小凝两人,其他人都跑了。"小兰说。

我有些不敢相信,没想到值日工作竟存在这么多问题。但我还是冷静地说:"你们的意思我听明白了,部分同学对值日工作敷衍了事,甚至不参与。怎么会发生这种情况呢?大家都来分析一下。"

"老师,据我所知,我们组的小天爸妈工作忙,她早上要烧早饭,还要照顾弟弟,所以总迟到。"小馨是个细心人,观察很仔细。

"我们组的小王则相反,父母下班晚,做晚饭、洗衣等家务都是他做,所以每天放学他都像赛跑似的往家跑。"

"小欣对扫地、擦窗之类的事情不感兴趣,他喜欢排课桌,横竖笔直,就像士兵列队。"

……

小干部们你一言我一语。没想到,小小的值日背后还有这么多隐情,显然，一刀切的值日方式不能适应每一位同学。

"那你们说说，该怎样处理这件事？"五年级学生已经有了自己的想法和主见。我想听听他们的建议。

短暂沉默后，小豹最先开口："罚，逃避值日的人罚扫一周，包洁区和教室全让他们扫。"

"不管用。"小雨提出反对，"有些人越罚越不做。"

"告诉他们的爸爸妈妈，让爸妈来教育。"小兰建议道。

"不行，我们能解决的自己解决。"

"写保证书。"

"不行，有些同学写保证书就像儿戏一样。"

……

看着这些班委会成员踊跃献计的热情劲，我的内心十分欣喜。自从接班后，我狠抓班委会管理，要求他们大胆工作，敢于管理，真正成为班级的领头羊，从刚才的讨论中不难看出，他们已经达到了这样的要求。现在需要引导他们朝着"善于管理"方面努力。

在他们充分发表意见后，我指出："你们说得有道理，我也不赞成'罚''告状''写检讨书'之类的做法。这些都是消极的措施。有没有积极的做法呢？"

"积极的做法？"小干部们眨眨眼睛，陷入沉思。

"老师，我们重新安排一下值日吧。"小馨的反应最敏捷，"我们根据每个人自身的情况来安排。比如小天，她早上来得晚，就让她晚上值日；小王就让他早上值日。"好点子！我在心里夸奖道。

"我同意，发挥每个人的特长，做自己喜欢且适合的事，值日肯定能做好。"小兰说道。

我也发表了意见："你们说得很有道理。我想起了故事《还有两条街》：一口气走完几十条街，无论是谁，想想都头疼，干脆放弃算了。可是，如果以两条街为一个单位，每走完两条街就休息一下，感觉就没那么长了。现在，对于每个值日生来说，面对的任务是整个包洁区和教室，又是整个组的任务。如果每个人都有自己的任务，且都根据自己的喜好去完成，那保洁区和教室一定能打扫干净。"

五双眼睛倏地亮了："那我们只要商量一下谁做什么工作就可以了。"

说干就干。可是，安排了半天，仍有半数同学不知道应安排在哪个岗位。是呀，我们对每位同学的了解有限，同学之间的差异又那么大，怎样做才能合理呢？

"老师，我有个想法。"大家一起看向小雨，"你一直希望班上'人人有事做，事事有人做'。既然'人人有事做'行不通，能不能试试'事事有人做'？"

我听明白了小雨的意思，大家也拍手称绝："好主意！明天推出岗位，实行'招标'。"

第二天，板报墙上张贴"值日岗位认领表"，一种是四项"日日必做岗位"（每节课后擦黑板、放学后洗黑板、每天早上写"每日一拼"和每节课后整理听课笔记），再就是"一周轮值岗位"，如打扫教室（又分出扫地、擦窗、排桌椅等）、打扫保洁区等。

很快，每个同学都认领了自己的岗位。最令大家感到意外的是，最苦最累的"日日必做岗位"中的擦黑板，竟由学习成绩最差的小正同学认领，大家情不自禁地给予了他最热烈的掌声。

这次值日安排，孩子们有了很大的自主权。由于是自己认领的，都是自己喜欢做的事，大家在值日时格外认真仔细，直到毕业，再也没有出现敷衍了事的情况。

民主治班，就是把班级事务的决定权最大限度地还给孩子，它在保证大多数孩子满意的同时，也发挥了每位同学的主人翁意识，而这种意识正是我们着力需要培养的。

上海市浦东新区新港小学　周威丽

6. "聘任制"让班干部动起来

班干部是班主任老师管理班级的得力助手，充分发挥班干部的作用，关键在于班干部的选拔与任用。长期以来，班干部大多由班主任硬性指定，这样产生的班干部一没有群众基础，二没有工作热情，往往会成为"上传下达的传话筒，有职无权的学生头"，缺乏积极的工作态度，很难有所作为。因此，要让班干部动起来，就要改变这种用人制度，建立充满生机与活力的用人机制，盘活班级的人力资源，"聘任制"不失为一种有效的方式。我在班级管理中大胆将"聘任制"引入到班干部的选拔中，建立一种平等竞争、择优聘任、定期考核的班级用人机制，取得了一定的成效，大大地激发了班干部的工作热情。

一、自主申报，公平竞争

班干部职位对班级的每位成员公开，任何人都可以申报。申报人需要认真准备一份聘任讲稿，拿出一份切实可行的上岗措施，然后在班级全体学生大会上发表竞选演说。全体学生根据申报人的表现投票表决，选出自己中意的班干部。自主申报保证了班干部开展工作的积极主动性，同时，班干部是班级全体学生经过选举产生的，这又为班干部开展工作赢得同学支持创造了有利的条件。

二、颁发聘书，定期聘任

对于经过班级全体学生选举产生的班干部，由班主任正式任命，颁发聘书，决定聘任期限。这种聘任方式对于小学生来说是一种有效的激励，发聘书的形式会让学生感觉到当班干部是一种荣誉、一份责任，班干部也会因为有了聘书而对班级的管理尽心尽责、恪尽职守，没有聘书的"老百姓"也会支持班干部工作，努力争取有朝一日获取聘书，当上班干部。对于班干部的任期，我将以往的一学年一任改为一月一任，这为全体学生争当班干部创造了机会，同时为在任班干部施加了压力，形成了一种"能者上"的班级用人制度。

三、任期考核，晋级评星

对于任期结束的班干部，我们组织全体学生展开评议，给予班干部客观、公正、全面的评价，为其打分，评星定级，并将班干部管理班级的经历记录在案，作为评选"三好学生"的重要依据。这种做法是对班干部工作的一种肯定、一种激励，同时又是对学生争当班干部的一种鼓励。

"聘任制"引入班级管理以后，我班的文明程度明显提高，学生也在争当班干部、担任班干部的过程中得到了锻炼，我更是深受其益，班级管理少了一份劳累，多了一份放心。

安徽省宿州市聋人学校　梁好

第七辑　好创意让班级具有特色

班级文化建设能带动学生个体与班集体的协同发展，让班级建设出自己的品牌和个性。特色班级文化的建设，是班集体的"名片"，它能凝集源自教师与学生的智慧，见证师生共同理想的实现过程，让班级深深烙上特有的精神印记，对提高班级德育的有效性有着重要的意义。

1. 小小科学龙，班级的图腾

班级文化是一个班集体形成的、能够被全体成员认可并遵循的学习风气、集体舆论、行为准则等的总和，它直接影响学生的精神风貌和成长轨迹。班级文化对德育的影响是潜移默化的，不同于单纯的灌输与说教。班级文化建设能带动学生个体与班集体的协同发展，让班级亮出自己的品牌和个性。特色班级的文化建设，是班集体的"名片"，它让班级深深烙上特有的精神印记，能凝集源自教师与学生的智慧，见证师生共同理想的实现过程，对提高班级德育的有效性有着重要的意义。"小小科学龙"的创建，就是基于这样的背景。

一、实施过程

（一）班级特色申报

特色班级的申报，要根据全体学生的意愿，一切从班级出发，一切从学生中来，全员参与和民主选举非常关键。

1. 确定班名

如何确定班名？我们先搜寻班级的优势项目，从学生方面看，我班学生爱运动，爱唱歌，喜欢阅读、写作、写字、科技比赛团体获奖……从教师角度看，语文老师能经常给学生作阅读和写作示范，英语老师兢兢业业且功底扎实，科学老师精力充沛又很想有所作为……黑板上罗列了十几种班级师生的强项。最后，因科学是我校曾受国务院总理表扬的学科，学生有好奇心且爱实践，爱做家庭实验，科学老师又是我们的副班主任等原因，最终确定以"科学"为核心。围绕"科学"，我们想到"小牛顿""小爱迪生"，想到"苹果""灯泡"，有同学说班里同学大多属龙，是不是可以叫"小小科学龙"。这条提议，让人眼睛一亮，于是，"小小科学龙"的班名就此诞生。

2. 设计班标

有了班名，我们又开始着手设计班标。我们先从书上、网络上收集示范，再根据班级特点提出要求：代表你对班级的美好愿望，最好能看出科学和龙的痕迹，最好不出现"三年（7）班"（因为可能要伴随到小学毕业），等等，同时请孩子们写明设计理由。以下是选出的几张设计图：

1号邱衍云　　2号袁涵　　3号黄浥尘　　4号魏夏达一　　5号杨丛竹

经过反复评比，最后"3号"以票数第一名夺得"标王"，正式成为"小小科学龙"的形象代言。这一设计与选择的过程，成了班级形象进入学生脑海的过程。

3. 诠释涵义

确定了班标，且看设计者的意图介绍：

> 这是一只活泼可爱的卡通龙，金黄的龙角、龙犄象征着生机勃勃，充满活力，这可是2006（7）班的象征——因为我们大多都属龙！
>
> 他大大的脑袋里装满了智慧，圆圆的眼睛里闪烁着科学的光芒，右手摆出的"V"代表胜利，左手拿着的化学器皿代表热爱科学，肚皮上还有"2006（7）"和原子的图案呢！你看，他穿着和我们一样的蓝校服，那属于太空和大海的颜色，更预示着我们小小科学龙腾飞啦！

4. 产生班训

校有校训，班有班训。我们学校的校训是"创适合儿童发展的教育"，要求教育始终关注儿童的发展；我们的学风是"异想天开，脚踏实地"，要求理想与现实结合，创新与扎实比肩；我们对孩子的召唤是"来学，来玩，来创造"，充满快乐学习的感召力。于是，我们的班训"异想天开科学龙，脚踏实地快乐学"应运而生。如果说班标是形象，是异想天开的图腾，那么班训是抽象，是脚踏实地的力量。

（二）特色活动开展

特色活动的开展，是创建特色班级的重点。"小小科学龙"班以科学和龙两线并举，很多时候龙是主线、明线，科学是副线、暗线，它们相辅相成，形成螺旋式阶梯，台阶板则是班级常规，引领学生不断向上攀登。

1. 宣誓："我是小小科学龙"

第一个学期我们完成了特色班级申报。新学期开始，第一节班队课上，全班面对大大的"科学龙"班标，发出响亮的宣誓："我是小小科学龙×××。我要当龙头/身/尾。我要为班级的和谐、腾飞而努力！"这种仪式在开学之初渗透，充满神圣的力量。

2. 聚焦："我们爱科学"

定位科学，不是要求人人都当科学家，而是定位于爱思考、培养科学的思维。于是我们人人开展家庭实验，做实验，写报告，不断提出假设并认真验证；我们人人养小动物，可以是蚕宝宝、蜗牛、金鱼等，尤其是蚕宝宝，几乎人人饲养，并开展"养蚕日记"，进行"我和_____的亲密接触"经验交流会；我们小组合作绘制"最喜欢的动物"（真实的、虚拟的），不断鼓励成功有序的合作；我们开展"机器人设计大赛"，再掀设计热潮，让创意和习作相得益彰；我们参加科技节"神舟八号"的叠书比赛，每一次训练全班都出谋划策，最后勇夺冠军更是集体智慧的结晶；我们还学习拼组四驱车、航模，连文学讲座都介绍"沈石溪的动物小说"。各种活动的开展，创设了环境，营造了氛围，时时提醒学生"我是小小科学龙，我们爱科学"，牢固养成了"发现问题—提出假设—尝试解决—继续改进"的科学思维方式。

3. 升华："我们是龙的传人"

龙是中华民族的象征。特色班级以龙为标志，自然更要挖掘龙的精神和内涵，如龙的团结协作、龙的拼搏奋发、龙的崛起腾飞等。请看我们曾经开展的活动：

（1）讲讲"龙"的故事；

（2）积累"龙"的名言成语；

（3）齐唱《龙的传人》（并改编成班歌）；

（4）制作"龙"的手抄报，编辑"龙"的口袋书；

（5）了解"龙的和谐"，从"头似牛，嘴似驴，眼似虾，耳似象，鳞似鱼，须似人，腹似蛇，足似凤"的造型中想到只有统一，才能美观；

（6）体验"龙的团结"，玩"小组突击、突围"游戏和"盲人互助"游戏等；

（7）开展"龙的感谢"，班队课的预热往往在"我感谢_____，因为_____"中开始，我们曾在学校晨会上举办"感谢2009，期待2010"，为西部干旱、玉树地震捐赠义卖等活动；

（8）开展"龙的接力"（又称"日记接龙"），四人小组轮流写日记，一人一天，第二天互相评价、修改，参与全班星级评比，每周五评选出"日记龙头"进行表彰，对学生的日记习作激励非常大；

（9）开展"龙的争辩"，为培养学生思维的敏捷性，锻炼口才和即兴发言的能力，我们引进辩论会形式，组织"网络游戏利大于弊 VS 弊大于利""集体走路要不要排队""学习是快乐大于痛苦还是痛苦大于快乐"等辩论，不断表彰优秀团队；

（10）汇编"龙的专辑"，整理学生每学期关于龙的内容和特色活动中涌现的精彩作品（习作、照片、绘画等），编辑成册，以便保留。

总之，通过各种形式的特色活动不断推进，让龙不再是抽象的概念，而是具体可感的班级文化图腾。

4. 基石：常规管理"赛龙号"

我们班有44人，分成11个小组，每组4人，选出小组长，各自命名（如"清风斋""摩天轮""春意盎然"等），同样设计宣传口号，设计专辑封面。开学初，我们就统筹安排，早做部署，第一、二周评选班级小主人，及时调整值日安排，还对信息直通车、导读、品德、班队、地方课程等科目进行分工，让每个小组都能在课堂上展示合作——这些错位安排的展示台，让每组学生一学期至少能走上讲台5次，成为课堂的主人。每次小组承办结束后，都要对内容、态度和合作情况进行评价，给出等级，尤其对合作，更是重锤敲击，这让不少以自我为中心的孩子在经历酸甜苦辣后学会了沟通、妥协和互相学习。

我们受学生感兴趣的电脑游戏"赛尔号"的启发，讨论并设计了"赛龙号"的班级管理规则，细致地罗列孩子在校的优劣表现，配以加分和扣分的规则，并以小组为单位，让组员自我评判。

（三）特色班级认定

学校每个学期都对特色班级进行认定，从特色活动的开展、学校的常规考评、学生的认可度调查、班主任的自我评价和反思等方面进行考核，并设置了从三星级特色班级向五星级特色班级的渐进台阶，吸引每个班级逐级攀登。在学校的引领下，我更加明确，特色只是一个学校、一个班级的综合体现，它会形成一种集体的合力，一种向上的氛围，形成良好的班级文化、班级凝聚力。因此，通过不同形式、不同方法，共同的目标、共同的奋斗，让特色班级的特色更深入，让活动和实际的呈现更吻合、更贴切，学校和班级才能出现万紫千红总是春的喜人局面。

二、效果与反思

2010年4月15日，"温州市实验小学办学思想研讨会"隆重举行，办学特色板块就是以"小小科学龙"为代表做特色班级的信息直通车展示。展示很成功，这是学校德育的亮点，也是我们班级的荣誉。作为炎黄子孙，我们常常自称为"龙的传人"，因此，一想到龙，就会想到腾飞，想到向上，想到才能与智慧，民族自豪感油然而生。

（一）从年龄特征看，符合小学生感性爱玩的特点

小学生年龄尚小，喜欢游戏并乐此不疲。有人说，"游戏是儿童的天性，是儿童成长的精神力量"。小学阶段的孩子以形象思维为主，比较感性，即使高年级的学生已初步具有逻辑思维的能力，仍然具有同样的特点，因此，将具体可感的班级文化形象，以游戏、活动、体验的形式渗入学生心中，是顺应自然、顺应孩子成长规律的行为。

（二）从教师角度看，有利于班主任的专业成长

班主任是班级的灵魂，一位优秀的班主任往往能造就一个优秀的班集体。但在日常工作中，我们更容易只注重学科引领，而忽视对班主任的培养。其实，班主任工作非常需要交流和研讨，需要及时补充专业知识及优秀班主任的现身示范。特色班级创建从如何创建到深入研究，从特色申报到活动开展到特色认定，从特色班研讨会到特色活动观摩，都需要思考、研究和总结，这些过程能提高班主任设计活动、组织、协调和解决问题的能力。

（三）从管理角度看，变以"管"为主为文化渗透

长期以来，高度统一的教育模式较为关注学生发展中共性的一面，强调班级管理，班主任往往"管"字当头，为"管"而管，忽视个体生命的成长。但班集体是学生个性发展的主渠道，特色班级的创建正着眼于学生的内在发展，在人性化教育的氛围中，通过文化的积极渗透，营造良好的环境，保护学生的身心健康，让德育更适应人并服务于人。

（四）从推广层面看，符合品牌化发展的效应

据说台湾小吃采用的是"一村一品"的做法，一个村、一家店只卖一种特色、一样餐点，不贪多求全，但其独特的经营反倒让品牌更深入人心。特色班级的创建，就是让一个班级围绕核心特色开展活动，让班级亮出各自的精彩，多角度、深层次巩固和提升班级品牌，利用品牌效应加强班风建设，促进班集体的可持续发展。

但是，在特色班级创建的过程中，我们的思考仍在继续：特色班级创建是近年来开展的新研究，如何将班级的创建做长远的规划，有系统、有步骤地开展，值得思考；特色班级创建对学生而言到底具有怎样的价值与作用，学校日常的活动已经很多，再开展诸多班级特色活动，是否会出现为活动而活动、为特色而特色的现象？这会不会加重学生的负担，造成学生的浮躁和不安？特色班级的核心主题，是不是会淹没或者抑制了一些学生的其他特长的发挥？一系列问题都吸引着我们进行深入研究。

浙江省温州市实验小学　王怡文

2. 童谣班规让班级"火"起来

小学中低年级的学生天性活泼好动，规则对他们来说是一种束缚和负担。但是，集体生活和学习，又要求孩子从小接受规则教育，因此，对小学教师来说，我们要顺应孩子的天性对他们进行规则教育。

要让规则教育鲜活地走进孩子的心灵，必须选择他们易于亲近的形式。什么样的规则是孩子们最容易接受的呢？我想到了将规则编成童谣的办法。因为童谣是孩子们喜欢的，许多人都是说着童谣、唱着儿歌长大的。在一代代人的口耳传诵中，简洁明快、琅琅上口的童谣已成为孩子们最初的快乐体验和相伴一生的温馨记忆。用童谣编写班规，孩子们喜闻乐见，班规的记忆、推广也就轻松自如了。

首先，我在班上造势，在班队会上解析了什么叫班规后，对孩子们说："我们班要制定班规，我们小朋友说说，在学校或者在生活中，哪些是可以做的，哪些是不可以做的？"孩子们七嘴八舌地议论开来，我把孩子们提出来的想法变成简短的文字。接着，我又发动家长们根据这些文字编童谣，也可以由家长和孩子一起编童谣，还可以收集有关儿歌。最后，在孩子们和家长的热情参与下，一条条内容鲜活的童谣规则出炉了。比如完成作业的有：

> 课前预习好，
> 疑难问题要抓牢。
> 上课仔细听，
> 重点难点要弄清。

认真做笔记，

课后复习有依据。

独立做作业，

按时完成不抄袭。

我根据这些童谣规则，整理成由思想品德卷、课堂行为卷、个人卫生卷、校园行为卷组成的《一年级童谣班规》。平时，利用课前5分钟、班会队会、早读、课间休息时间带领孩子们朗读背诵，还让孩子们说说是什么意思，应该怎么做，等等。对这些班规孩子们很喜欢，往往在入学后两三个星期的时间里，孩子们就能够接受一些初始班规了。

德育中有了知、情，还需要将规则内化为孩子们的意志和行为习惯。贯彻执行是童谣班规有效落实的关键。孩子们在幼儿园时最喜欢小红花，但因为小红花容易丢失，又没有班级特色，于是我采用小印章的奖励方式，一个刻有"奖"字，一个刻有"差"字。然后把童谣班规分别印成卡片，开学初每个学生发一张。卡片正面是班规，后面空白。每天放学后根据学生的表现小结，一周后总结并在卡片空白处盖上章。如果卡片连续盖够十个"奖"，就发一支铅笔或一本作业本；盖够了二十个"奖"，就给家长发一张"喜报"，通报表彰并发作业本；盖够了四十个"奖"，就能够参加期末的三好学生评选，盖够五十个"奖"还能获得童话书籍、作文集、百科全书等奖励。违反班规了，也相应地盖上"差"字印，相应扣除一个"奖"字印，并由班主任与之谈话。班规重新修订期间出现管理空白时，由班主任和班委会共同出台相应的管理办法。

关于具体操作，现举例如下。

课堂行为卷的实施举例：

早上同学们到校后，班长会带头领读，纪律委员会巡视各组，一般情况下提示一次，如果不听劝告再次违反班规，那就会被记下名字。坚持一周按时按量完成作业，就能获得一个"奖"字。每次考试90分以上的可以盖两个"奖"字，80分的可以盖一个"奖"

字。进步10分可以加盖一个"奖"字。每次进行无老师课堂实验，或是参加校会等，没有违反纪律的可加盖一个"奖"字。在课堂上认真回答问题的，老师也可以当场盖"奖"字印。

校园行为卷的实施举例：

在卫生方面设立座位责任制，全天候保洁。通过监督看到有违反卫生情况的提示两次，第三次还没有改正，视为违反班规。每周的校园清洁后，由小组成员投票选举，表现积极的同学可以加盖一个"奖"字印。

文明行为卷的实施举例：

每天坚持佩戴红领巾的学生，一个星期可以加盖一个"奖"字印，不戴红领巾一次，红领巾的"奖"字印不得累加，连续两次以上的要扣除一个"奖"字印。打架一次，盖一个"差"字印。做一件好事，加盖一个"奖"字印。班干部工作认真负责，一星期可以累加一个"奖"字印。

为让班干部把班规执行好，把班级的事情当成自己的责任，对经过竞选后任用的班干部我都会颁发有班委会的印章、聘任的职务、任期的聘书。为了让孩子们喜欢"奖"字印，喜欢我发的喜报，我会仔细观察孩子们每天的行为，用微尺来度量他们的进步，根据他们的表现撰写班级小故事，并专门写出一张张世上独一无二的喜报。

每当我把同学们得"奖"字印的数量在"'奖'字印乐园"里公布出来的时候，每当我颁发喜报和物质奖励的时候，孩子们总是眉开眼笑，比着谁多谁少。学生们一个学期内大多都能获得三十个以上的"奖"字印，已经学会了在日常生活上自查自纠，变得自主创新、乐观向上，团结协作，懂得了很多道理，异常珍惜在校的生活，努力维护自己的形象，做最好的自己。班级处处呈现出勃勃生机，形成了自主管理的风尚。在校内的各项评比中，我们班也总是名列前茅，不但是"自主化管理全国十佳班级""县区优秀少先中队"，还在各类比赛中多次获得国家级、省级、市级大奖，学生发表习作达47篇，我也荣获了广西壮族自治区和钦州市优秀班主任称号。

附：
我们班的童谣班规

思想品德卷

爱国守纪篇

红领巾，迎风飘，遵纪守法要做到。升国旗时行队礼，唱国歌时要肃立。天天佩戴红领巾，热爱社会爱集体。

拾金不昧篇

红领巾，迎风飘，拾金不昧要做到。宁肯自己辛苦忙，不让失主心里慌。拾到钱物要上交，人人夸我品德好。

文明礼貌篇

红领巾，迎风飘，文明礼貌要做到。见到老师行队礼，见到同学问声好。尊敬长辈爱幼小，人人夸我懂礼貌。

诚实守信篇

小朋友，讲诚信，钩小指，不反悔。你帮我，我帮你，心灵诚，品行美。流真情，不虚伪，表里一，辨是非。

课堂行为卷

课堂纪律篇

上课铃响，要进课堂；身体坐直，眼看前方；学习用品，摆放桌上；老师来了，问候响亮；不吃零食，专心听讲；可爱玩具，不留一样，回家以后，再去玩赏。

完成作业篇

课前预习好，疑难问题要抓牢。上课仔细听，重点难点要弄清。

认真做笔记，课后复习有依据。独立做作业，按时完成不抄袭。

写字姿势篇

坐时身挺脚踏地，读书写字三个一：眼离书本一尺远，胸离书桌一拳远，手离笔尖一寸远。

教室保洁篇

放学离开时，板凳放桌上。日用废垃圾，投至垃圾箱，桌子上，抽屉里，别散放。垃圾袋，收拾好，放学离开要带走。桌面上，保清爽，只摆书本和文具。抽屉里，放整齐，任何检查经得起。窗台上，杂物积，靠窗同学要清理。座位下，一米区，保持整洁要留意。

个人卫生卷

保护耳朵篇

保持清洁常清洗，不用尖物掏耳根。刺耳声音要是大，捂耳或是张嘴巴。不往耳里塞东西，日常轻柔把话讲。优美乐曲多欣赏，玩些游戏锻炼它。

身体保健篇

手脸流水洗，勤洗热水澡；毛巾不共用，保持清洁好；喷嚏捂口鼻，瘟疫就没招；室内常开窗，空气通畅好；苹果新鲜吃，多饮开水好；跑步又做操，天天身体好。

爱牙护牙篇

小牙刷，手中拿，刷头尖，刷毛软，这样洗刷不伤牙。含氟牙膏防蛀牙，牙齿健康人人夸，合理饮食少吃糖，永保健康定期查。

校园行为卷

校园环保篇

红领巾，迎风飘，保护环境要做到。果皮纸屑不乱扔，见到垃圾弯弯腰。积极种植花木草，美好生活讲环保。

　　　　　上下楼梯篇

　　上楼梯来靠右走，遵守规则好队友。

　　　　　节约用水篇

　　水龙头，哗哗哗，小朋友们爱惜它，不用水时关掉它。

　　　　　珍惜粮食篇

　　珍惜粮食很重要，谁知盘中餐，粒粒皆辛苦。顿顿米饭要珍惜，从小养成好习惯！

喜报样板

　　　　　喜　　报

　　我们有一个开朗活泼的好朋友。她短短的头发，圆圆的脸上时常带着微笑，早上读书很认真，得到的小红花非常多。无论老师多么严厉地批评她，她总是笑眯眯的，对老师非常尊敬。她曾经给大家讲《懒汉吃饼》的故事，老师也曾经和她留下来背诵课文，虽然她现在的成绩不是很好，但我们知道她已经开始努力学习，只要坚持下去，总会有收获的。

　　这个好朋友，就是黄小梅同学。她在夺印比赛中获得了10个"奖"字印，祝贺！

　　　　　　　　　　钦州市子材小学三（2）班自主化委员会
　　　　　　　　　　　　　　　2012年11月8日

　　　　　　广西壮族自治区钦州市子材小学　温爱娟

3. 让家长报告会走进课堂

早晨一上班，教育处就打来电话："王老师，你们班的小莹昨晚在校外买零食被教育处查到，请您来处理一下。"

又是这个小莹，前些天她就因为涂了蓝眼圈而被请回家反省，这才回来就又违纪，真是气人啊！按照校规，学生私自在校外买零食是要请家长的。带着愠怒，我拨通了她家长的电话。

她的父亲是深圳特区一家皮革专卖店的老板，平常管教孩子的时间少，这次刚回来就遇到这件事，他非常希望学校能再给女儿一次改正的机会。然后，这位父亲就向女儿讲述起自己当年的穷困生活，讲他辛苦创业的经历，讲他遇到困难时千方百计克服最后成功的故事。小莹听着听着就哭了，她的父亲也很动情，对小莹说："你已经快十八岁了，要珍惜现在的幸福生活，好好学习，遵守纪律。当你想偷懒、想吃零食、想化妆、想在课堂睡觉、想不做作业时，你就想想爸爸当年是怎样攻克难关，战胜困难和噩运的。爸爸希望你能成为我的骄傲！"小莹流着泪，使劲点了点头。

见此情景，我突发奇想，全班六十多名学生们大部分是留守儿童，父母亲都在外地创业打工，每个家长的经历都不同寻常，何不让家长们把自己的经历写出来，利用班会日给同学们做一做报告呢？想来，每个家长的创业史或许都是一部血泪史，也都是一部激情演绎史，如果能够把家长的报告引入课堂，用活生生的事例来讲述他们人生的成功抑或失败，说不定会极大提升孩子们的学习热情，有助于班级管理，更有利于促进家校沟通联系，何乐而不为呢？

思路形成，我开始着手实施这项计划。我先设计并打印了一份家长职业情况调查表，内容包括学生姓名、家长姓名、家长学历、家长职业、工作时间、家长爱好特长、主要经历、家长联系电话等。在放假前发到学生们手中，叮嘱他们返校回来后把填好的调查表交给我。学生们把表交回后，我看到家长们都详细填写了调查表，尽管文化层次不同，职业不同，爱好特长各异，经历曲折坎坷，但这些都是我们宝贵的教育资源！

接下来，我与每位家长进行电话沟通，希望得到他们的支持。家长们大都表示，这项活动很有意义。还有家长提议建立家长群，以便随时交流和联系。很快，根据家长们的工作性质、休息时间的不同，我们在群内商讨确定了合适的时间和主题。比如，十月份小洋的父亲回家探亲，可以抽时间来学校做报告。十一月份晓光的父亲专程前来讲述自己的故事。就这样，每月一个轮换，如有家长不能来可提前与我联系，灵活调整。

让谁来打响第一炮呢？我打算先从小芸的家长开始，她的父亲在北京打工，经历相当坎坷，现在工作做得有声有色，让他来打响第一炮，肯定是个开门红。想到此，我拨通了小芸家长的电话。

激动人心的时刻终于到来了。小芸的家长如约前来，给同学们讲述了他的创业之路，讲到艰难时期，甚至泣不成声，很多同学也跟着流泪，那场面很是震撼！讲到成功时，他眉飞色舞，幽默风趣的语言赢得了孩子们的阵阵掌声。看得出，报告会很成功。我相信，家长的讲述已深深刻印到孩子们的心里，孩子们的心灵在感动中升华。

会后，有孩子在总结中写道："以前我很逆反，也容易冲动，不懂得珍惜，不听从父母的劝告，也不爱学习，总觉得学习太苦太累。今晚小芸家长的报告对我触动很大。从今往后，我一定要好好学习，争取用更大的进步来回报父母。这种报告会的形式很好，希望以后能多举办一些。"

让家长报告会走进课堂，增进家校之间的联系，最大限度地发挥家校协作教育的合力。家长的创业史有助于激励和激发学生学习的斗志和激情，也有助于学生的身心健康、和谐发展，你愿意试一试吗？

河北省衡水市饶阳县饶阳中学　王杰英

4. 人生拍卖会

前不久，我校召开了一年一度的运动会。虽然我们班在体育项目上未能取得优异的成绩，但由于纪律好、通讯稿量多质好、保洁区卫生好而获得了"精神文明奖"，我和孩子们都非常高兴。我告诉孩子们，这张奖状属于每一个人。但我心里更清楚，我们班的自律小组组长希贤功不可没。

开学初，结合班级现状，我班设立了自律小组，目的是让小组成员在管好自身的同时，再管好同学们的纪律和学习。希贤由于各方面表现优秀，被同学们推选为自律小组组长。

希贤自从当上了自律小组组长后，学习更加刻苦努力了，在班级管理上常常"唱黑脸"。起初，同学们都极力配合，但时间久了，部分同学私下里埋怨希贤批评人不留情面，让人很难接受。而这次运动会更是再次将矛盾激化。甚至有同学说："他又不是老师，凭什么对我们指手画脚，我们选了你，也可以推翻你！"

运动会虽然取得了荣誉，但让我担心的事情还是发生了。希贤由于对全班同学在会场上的纪律和卫生要求非常严格，导致全班同学一致排斥他。更有同学说："班主任太宠爱希贤，把太多的权利给了他。"这几日，我也观察到，几乎没有人与希贤交流，他的学习状态也非常差，时常坐着发呆。这下我可急了，千万不能让希贤出现任何心理问题，更不能让班级矛盾进一步恶化。

首先，我找希贤谈话，进行心理疏导。我了解到：他生活在农村，家境困难,父母都是农民,还有一位患有眼疾的奶奶,为了能让他上学,奶奶放弃了治疗。他还说,既然同学们把他选出来,他就要管好班级,这是他的职责。看见其他同学在会场上听MP3、吃零食时他就难受,用他自己的话说,有点恨铁不成钢的感觉。听着他的诉说,看着他眼里的泪水,我明白希贤的心理压力很大,并且他的初衷是好的,只是方法欠妥。

和希贤谈完话,我明确了其他同学的排斥主要是因为他们不理解希贤,若设身处地考虑,我想同学们会理解并且接纳他。于是我找到了与希贤关系要好的室友,希望他们带头理解希贤,消除其他同学对希贤的排斥。

我叫来希贤告诉他:班会上,我会为他创造一个向同学们解释,与同学们谈心的机会,希望他好好准备一下。希贤说,他担心同学们说我偏向他,因此更加排斥他。我告诉他,不用担心,老师自有妙计,我们的主题班会叫"人生拍卖会",你要把我出示的"商品"——"理解"买到手。希贤似懂非懂,若有所思地点点头,离开了办公室。

班会开始了,黑板上写着大大的"人生拍卖会"几个字,我作为主持者宣读了拍卖会的规则:每人手中都有模拟人民币十万元,我将为同学们提供一些商品,但不会告诉任何人下一件商品是什么,还有几件商品未拍卖。每件商品的起价是一万,每次最低追加一万。同学们对于这场特殊的拍卖会充满了好奇与期待。

"请大家注意,我出示的第一件商品——自信。"

"一万!"

"三万!"

"五万!"

"十万!"

"恭喜你,成交!"我将写有"自信"的纸牌递到第一位买家手中。

"我出示的第二件商品——健康。"

"三万!"

"我出示的第六件商品——理解。"

"十万！"希贤急切地举手。

"理解"成功地被希贤买到。一切都那么自然，没有任何同学察觉。

"咱们的拍卖会结束了，有同学买到了商品，也有同学没有买到商品。接下来，请买到商品和未买到商品的同学都来谈谈自己的感受。"

"我购买自信是因为我认识到自己最大的缺点就是缺乏自信，一个人如果自信，他就已经成功了一半。"

台下一片掌声。

"我买到的是健康，我希望自己永远健康，吃嘛嘛香！"

台下笑声掌声一片。

"我什么也没买到，我总以为最好的商品应该在后面，就一直等呀等，到最后什么也没买到。我突然间意识到：其实人生就是一场拍卖会，后面的人生未知，我们需要做的就是做好准备，抓住眼前的机遇。虽然这是一场模拟拍卖会，但是我不想我真正的人生一无所获！"

"我买理解，是因为我希望同学们能理解我。"希贤站起来说道。

台下有同学不屑。

"我生活在农村，我的父母都是农民，为了能让我来城里上学，他们卖掉了家里所有的粮食；奶奶眼睛不好，为了让我上学，她放弃了治疗，省下钱作为我的生活费。"希贤有些哽咽，同学们安静下来。

"我说这些并不是想让大家同情我。我想要说的是你们给了我太多温暖。刚来学校，我发现自己很落伍，我不知道什么是MP3，不懂得电脑，我很自卑。但是同学们都把我当朋友，教会了许多我不会、不懂的东西。我心里充满了感激。后来，同学们还推选我当自律组长，让我再一次感到自己被大家接纳了。自从当了自律组长，我就发誓一定要为大家服务，把咱们班建设成年级第一的班级，我不想让大家感到推选我是错误的选择。可是，我知道现在有同学后悔了。这几天，我心里很难受，也一直在反省，我的工作方法确实存在问题，伤到了同学们的自尊。在这里，我深深地向大家道歉，请求大家的理解和宽容。"

说完,希贤深深地鞠了一躬。

台下,从一两位同学开始鼓掌到全体同学自发起立鼓掌,我看到了希贤与同学们眼里真挚、感动、理解的泪水。希贤得到了大家的理解与宽容。

陕西省咸阳市陕西科技大学附属中学　马　轩

5. 图书推荐会

清代著名学者包世臣写过的很多对联流传至今。其中有一副对联的下联是"补读平生未见书",还有一副对联写道:"闭门遍读家藏书。"这些都是在警示我们:有书赶快读。

邓拓也说过:有书就赶快读,不论是自己的书,或是借别人的书。即使有些书籍内容很多,无法全读,起码也应该扼要地翻阅一遍,知道它的内容,以免将来要用,临时"抓瞎"。

2011年版《义务教育语文课程标准》指出:"要重视培养学生广泛阅读的兴趣,扩大阅读面,增加阅读量,提高阅读品位。提倡少做题,多读书,好读书,读好书,读整本的书。关注学生通过多种媒介的阅读,鼓励学生自主选择优秀的阅读材料。加强对课外阅读的指导,开展各种课外阅读活动,创造展示与交流的机会,营造人人爱读书的良好氛围。"这其中最重要的信息便是"读书",不但要读,还要多读书,好读书,读好书,并且读整本的书。为了培养学生良好的阅读习惯,提高阅读的效率,开展各种课外阅读活动是非常必要的。在多年的探索基础上,我们举办班级图书推荐会,建立"书香班级",以此丰富学生的文化底蕴。

一、你选书,我"送单"

全班分成四个小组,老师划定每个小组的"图书展示区",由组长把全组同学带来的图书排列、展示好。活动时，其他小组的同学可扮成"读者"去别的小组"图书展示区"欣赏图书，当看到喜欢的书时，只需把书交给展区小组的组长，组长会吩咐小组成员递上一张所选图书的详细"图书单"（如下）。

```
【书名】×××××××
【作者】×××
【出版社】××出版社
【出版时间】×××年×月×日
【价格】××元
【内容介绍】××××××××××××××××××
【作者介绍】××××××××××××××××××
【本书看点】××××××××××××××××××
```

这样的选书"送单"活动，促使学生不但要关注图书的封面设计，还要注意图书的内容以及阅读点，为接下来的图书推荐会做了铺设。

二、图书推荐会

为了更好地提高学生对书籍、文章的理解、鉴赏能力，每个小组在组长的牵头下形成图书推荐小组，由组长对每位成员近期阅读的图书——这些图书是推荐者已经读完并且有所感悟的，最好已经有书面文字介绍材料——进行筛选，选出适合大家阅读的图书报给老师，并在班级图书推荐会上推荐给全班同学。图书推荐会上选手们按抽签的顺序依次登台，从故事梗概、读后感等多方面阐述推荐感言。

推荐之一："情节类"图书推荐

徐璐（大方地走向讲台）：我要向大家推荐的书是苏联作家柳·科斯莫杰米扬斯卡娅的《卓娅和舒拉的故事》（展示图书封面给全体学生看）。我要是说得不全面，还请我的小组成员补充说明，也欢迎大家随时对我推荐的图书发问。

同学1：这本书讲述的内容是什么呢？

徐璐（绘声绘色地讲述）：主人公卓娅担负起照顾弟弟舒拉的责任，她每天为弟弟烧饭洗衣，从不叫苦。弟弟舒拉十分爱他的姐姐，在卓娅生病的那段时间，舒拉起早摸黑靠自己画画赚了一些钱，他把这些钱交给了卓娅，让她去买一件新衣服。

同学2：看来这本书的故事很精彩，除此之外还有其他内容要介绍吗？

徐璐：这本书带给我们的不仅仅是这些，更主要的是他们小小年纪为国捐躯的精神。1941年，德国背信弃义入侵苏联。为了保卫祖国，年轻的卓娅离开家人，参加游击队抗击敌人，不幸被俘，宁死不屈，被敌人杀害。弟弟舒拉在姐姐的带动下英勇参加战争，屡建战功，最后被无情的炮弹击中，献出了自己年轻而宝贵的生命。他们的名字被苏联永远记住了。《卓娅和舒拉的故事》告诉我们一个道理：要热爱生活，热爱生命，热爱祖国！（在掌声中走下了讲台）

朱涤非（小组组长，在一旁补充说明）：我也很喜欢这本书，这本书字里行间都流露出了一种大无畏的英雄气概，含有浓浓的爱国情感，的确是一本值得阅读的书，建议大家有机会认真去读一读。

老师：嗯！热爱生活，热爱生命，更重要的是他们的爱国情怀！我们在阅读的时候，首先要关注的是故事情节，故事曲折、精彩，才能吸引我们，也才有可能被推荐成功。

推荐之二："读写法"图书推荐

陈凌婧（这位害羞的女生走上讲台，先向大家鞠躬问好，接着陈述自己推荐图书的内容和理由）：今天，我向大家推荐一本好书，书的名字叫《女生日记》。（此言一出，马上引来了一片哄闹声，原来是男生们不乐意了）

同学3（男生）：看来你这本书只适合你们女生阅读，不适合我们男生阅读了！这样的图书还有没有推荐的价值呢？（其他男生也随声附和）

陈凌婧（连忙解释）：虽然书名叫《女生日记》，但内容也是很值得男生们去读的。

蒋逸（小组组长，站起身来做补充说明）：这本书的作者是著名儿童作家杨红樱阿姨，她写了许多儿童文学作品，其中有大家喜欢看的《淘气包马小跳》。（蒋逸避开书名中的"女生"而谈作者吸引了众多"马小跳迷"，争吵声弱了许多）

陈凌婧（接着发表看法）：蒋逸说得不错！《女生日记》和《淘气包马小跳》都已被拍成电影或电视剧，由此可以看出这本书的魅力所在。这本书主要讲述了六年级小学生冉冬阳眼中的校园、眼中的同学、自己心中的小秘密和羽化成蝶的痛苦与欢乐。杨红樱阿姨以日记的形式揭开了我们青少年成长过程中的快乐和烦恼，把我们的心声完完全全地写了出来。所以，不管是女生还是男生，我觉得这本书都适合阅读。

同学4（仍旧是一位男生）：除了你说的这些内容之外，还有没有值得我们去阅读的理由？

陈凌婧（想了想）：这本书的写作手法十分值得我们借鉴，如在书中的第15页，日记名字叫"关于头发的风波"，其中一句话是这样写的："男孩们说南柯梦的头发是疯狂的刺猬，沙丽的头发是一片天，莫欣儿是爆炸式，还有清汤挂面头发、沙锅盖头发"。杨红樱阿姨像是在写冷笑话一样写小说，让文字带给读者们无限的乐趣，这一点是非常值得我们学习的。我想，如果我们在自己的作文中多注入一些感情和幽默，一定能吸引许多读者。

看到众多男生点头表示同意，老师又为陈凌婧的推荐加了一个总结："'书读百遍，其义自见。'只有细细地去阅读，才能了解故事内容，学会写作的技能。这也说明，陈凌婧还真是一个会读书的人。"

推荐之三："剧本式"图书推荐

男生们一致拥戴徐宇飞进行图书推荐。徐宇飞也不推辞，将早已准备好的图书带到了讲台前。他高高地举起自己的图书推荐起来：

大家好！今天我推荐一本书《放慢脚步去长大》。这本书的出版社是江苏少年儿童出版社,它的作者叫章红。或许大家对这位作家不熟悉,但我告诉你:她写的书有很多,有《成长是一种痛》《像毒一样的读》《青春门》,相信能写这么多书的作家一定很优秀。这本书的封面是这样的(展示图书的模样)。

同学5:假如书店中这本书没有卖,怎么办呢?

徐宇飞(眉开眼笑):没关系。你可以到当当网上购买,这样还可以省不少钱呢!(许多学生都笑了起来,为徐宇飞的买书方式而感到意外)

徐宇飞清了清嗓子,接着介绍:

在杨等等班上的一段时间里,所有人都会写错别字,经常把"秃子"写成"秀子","体"和"休"两个字老搞混。下面我为大家读一段关于这个的文字(他有感情地诵读起第31页的文字,同时做出各种表情,以便大家了解故事情节):

"在课间杨等等会和她的好朋友艾菲儿一起玩,就连上厕所也在一起,她们如灰椋鸟一般地出入。"

我再为大家读一段(阅读第48页的文字,这里省略)。

可见杨等等她们的雅兴还蛮好的嘛!书以怀念童年的方式结尾,给人美好的感觉。我粗略地介绍了这本书,里面的内容是不是很引人入胜?心动不如行动,一起来看一看吧!

老师针对每个小组推荐的图书都作了适当的点评,也有一些学生针对图书的价格、购买地点、图书"亮点"等方面提出疑问,推荐小组一一作了回答。特别值得注意的是,每个小组还由图书内容联系到自身的学习、生活、精神、态度等方面,说出更多的推荐理由,让大家对推荐的图书有了全面的了解。

最后,全班投票选出"最佳推荐图书"。

推荐之四:"助威团"图书推荐

为了使图书推荐成功,一部分同学还邀请家长来到活动现场,结合"亲子阅读"的效果助威推荐。家长们没有过多谈论孩子们推荐的图书,而是介绍了孩子们的阅读状态。比如朱涤非妈妈的回忆:

朱涤非看完《我可以抱你吗？宝贝》，被其中的故事深深地吸引了，以至于很长时间都津津乐道。这本书讲了一个被领养的女孩，开始爸爸妈妈都很爱她，后来妈妈又生了一个有自闭症的弟弟，然后把爱全部给了弟弟的故事。她还说小女孩的妈妈很固执，明知弟弟有自闭症，可是还是不愿放弃希望，甚至辞掉工作在家专门开导弟弟，在妈妈不断的努力下，弟弟慢慢进步着。最后她说："妈妈，我把这本书借来给你看看吧，真的很好看。"尽管我很忙，可是，我仍然答应了她的要求。于是，每晚捧着那本《我可以抱你吗？宝贝》也成了我的乐趣。看的过程中，我不时和朱涤非交流对书中主人公的看法，对书中某件事的看法，有时我们还会因坚持己见而争论不休，但在争论中我们都体会到了读书的快乐。所以，我相信我孩子推荐的图书是优秀的，希望大家能喜欢她推荐的图书。

为了帮助陈凌婧成功推荐《女生日记》，陈凌婧爸爸也站到了讲台前，娓娓道来：

书是人类最好的朋友，读一本好书就像交了一位好朋友。我们知道好朋友对自己是有很大帮助的，读书也是。我们能从书中学到很多知识，也能从书中学到如何做人、做事，所以我希望同学们在多读书的同时，不要仅仅满足于老师在课堂上教的、课本上学的，要在课外阅读时摄取更多的营养。另外，我们在多读书的基础上，还要学会读书。我们有些同学在读书时更多的是被书中精彩的故事情节吸引。当然，一本好书如果没有好的故事情节是没有人读得下去的，但是，我们在读书时千万别忘了要学习书中的精华。我在平时就经常提醒陈凌婧在读书时一定要留意书中是如何描写环境、如何描写人物心理的，等等，对这些精彩片段一定要留心，这样在今后的写作中就会手到擒来，轻松自如。陈凌婧推荐的图书一定会让你获得更多的知识，你也一定会从中享受到无穷的乐趣。

家长们的亲身讲述增强了大家对读书的兴趣。趁此机会，老师倡议每位同学邀请自己的爸爸妈妈与自己一同进行"亲子阅读"。

三、拓展活动

（一）"悦读奖"

单单是书面形式的"阅读"还不够，还需要有一定的环境氛围以体现自己是真正的"阅读者"。我们针对申报"我是一只小书虫"的学生的小书屋进行调查并且拍照，让每位申报者展示每位爱好读书者的读书天地以及阅读过的书目和感言。根据每位参赛学生的实际藏书量和书屋环境的评测，选出最佳者，授予"阅读奖"。

（二）"书香家庭"

除了老师的教导，培养学生良好的阅读兴趣和习惯，努力营造书香家庭，是父母的责任。我们开展了名为"全家总动员"的亲子读书活动。每天，学生都要与家长们一同完成读书活动，并且填写"读书信息卡"（书名、作者、页数、阅读时间、阅读印象深刻的一句话），以周为单元检查亲子阅读的效果，爸爸妈妈要针对学生一周的读书行为做出合理、正确的评价，还要附上学生一周以来的读书感言、心得等相关信息。只要有爸爸妈妈参与，"读书信息卡"所需项目填写齐全，就可以参与评选"每周之星"。在此基础上，得星最多者，即为"书香家庭"。

四、活动思考

岳涵家长：多读一些优美的散文、诗歌，能够更好地提高情商，丰富学生的内心世界。

王鑫家长：大量阅读好的书籍会使孩子的理解能力和鉴赏能力得到很大提高，会开阔孩子的眼界。让孩子在阅读中学会做人的道理。

张孝冉家长：希望孩子通过这次读书月，提高读书的效率，拓宽读书面。最希望的是孩子会读书、会引用、会展示、更自信。期望老师指导孩子怎么读书，了解读书的步骤、读书的要领。这样孩子就会用心体会书的奥秘。

张慧敏家长：希望定期举办读书月活动，让同学们养成读好书、爱读书的好习惯，从书本中吸收更多的营养。

姚翔宇家长：我希望孩子能在老师的指导下爱上读书，爱上写作，成为一名小作家。

汤敏超家长：读书是一个能提高学生的学习习惯、提高素质的好方法，希望能让学生多阅读些适宜他们的书籍，提高写作水平，在以后的竞争中发挥更大的作用。

以上是我们班开展"读书月"活动之前，征集到的家长意见。家长们对"读书月"给予了很高的期望，同时也提出了中肯的意见。这不由得让我想到朱永新教授在《新教育之梦》中说的："读书，是孩子们净化灵魂、升华人格的一个非常重要的途径。"而"阅读应当成为吸引学生爱好的最重要的发源地，学校应当成为书籍的王国"。基于这两点，在班级中举办"读书月"活动不但是必要的，而且是必须的。同样，"课程标准"中对于"读书"内容也有明确的要求：应让学生"在主动积极的思维和情感活动中，加深理解和体验，有所感悟和思考，受到情感熏陶，获得思想启迪，享受审美乐趣"。

通过"图书推荐会"，学生学会了"阅读"。每位推荐者畅谈了自身"阅读"所遵循的思路：读通—读熟—读懂—会读。只有把文章（书籍）读通、读熟，才有可能读懂，不断坚持训练，才有可能会读，最终形成读书能力和习惯。学生有如一块海绵，对世间万事万物都充满好奇，都会去探索、吸收。作为教师，我们要推荐给他们不同类型的书，以便他们从中选择阅读。

俗话说得好："不动笔墨不读书。"阅读的最终结果是读写结合，提高读书效益。而要提高效益，在大力改进阅读教学的同时，必须加强课外阅读指导和改进作文教学，让学生巩固已掌握的知识，并能熟练运用，提高独立阅读能力和表达能力。我们的"读书月"活动最终目的正是让学生将"阅读知识"转化为"阅读能力"，发挥写读后感，创作文学作品等形式具有的积累功能和表达功能，从而提高课外阅读质量。

通过"图书推荐会"，学生知晓了"课内""课外"相结合的重要性：不但要在课堂上积极参与到读书活动中，在家也要与父母一起进行"亲子阅读"，只有这样才能真正形成阅读习惯，才能形成阅读技能。

学生的课外阅读重点在"读"，着眼点在"思"，落脚点在"懂"，发展点在"会"。图书推荐会贯穿了一个"思"字，教会学生在阅读的过程中思考，让阅读真正走入心田。

江苏省南京市溧水县实验小学　蒋　岭

6. 我班有个图书银行

我班有个图书银行，储户是全班学生，本金是每个学生从家里带来的家庭藏书以及学校为每个班级配备的部分图书，学生可以从这个"图书银行"里借阅任何图书。

图书银行的建立，得益于一次主题家长会。

随着课改的进一步深入，阅读在孩子的学习生活中所起的作用越来越重要。我班的孩子大部分是外来务工子女和留守儿童，家庭经济条件不好，购书有限，藏书不多。在这种情况下，怎样满足孩子们的阅读需求呢？基于这个问题，我召开了一次名为"好书哪里来"的主题家长会，向家长们征求解决问题的建议。家长们从不同角度和出发点提出了各种各样的建议，王小明家长的一句话引起了大家的共鸣：让孩子们把家里的书拿来换着读。

真是一言点醒梦中人！我们的学生虽然家庭藏书有限，但是种类却比较广泛，如果加以利用，那将是多么丰富的图书资源呀！这不成了图书银行了吗？

但图书银行不是只靠欢呼就能成立的，必须马上付诸行动，我们要为图书银行的成立进行充分的准备。

首先，我们根据以前的《学生家庭藏书调查表》，让学生对家庭藏书进行分类整理，了解自己家的藏书情况，同时，老师也根据此调查表了解学生的家庭藏书情况。

之后，我们分别召开了学生会和家长会，说明图书银行的做法和意义。我们真诚地告诉每一个人：图书银行主要是为方便孩子们的阅读，满足他们日益增加的阅读需求。孩子们从家中把书籍带来，相当于把书存进图书银行，把学校为我们班配备的图书作为图书流动的"老本",以保证图书借阅的基础资源。我们建立"图书银行",实现资源的最优化,为阅读提供通道,借助"图书银行"让家中的图书流动起来,使家庭藏书的作用发挥到最大。

然后,我们看到了两次会议带来的明显效果。孩子们本着自愿的前提,源源不断地把家中的藏书带到学校来,家庭条件好一些的则购买了许多新的图书充实班级的图书银行,班级图书管理员做好图书的登记工作。"银行"里的图书越来越多,好一派令人感动的景象。

随即,我们制定了"图书银行"的实施办法。办法规定,凡是为班级图书角捐书1本以上者,都可成为图书银行的会员,会员可以根据自己的兴趣爱好,在周末从班级图书银行中借阅图书1~2本,下周五上午放学前归还,然后再借阅其他图书,这样做实现了图书的流动和有效利用。我们还出台了《图书银行管理规定》,竞选了图书管理员,并明确了图书管理员的职责,指出全体会员应服从图书管理员的管理。为了保证图书银行发挥应有的作用,我们还制定了其他相应的制度作保障。如《图书银行管理办法》《图书银行借阅制度》《图书银行监督规定》,用制度、评优和监督办法来保证图书银行里的图书借出去,读得好,回得来。经过周密准备,图书银行终于开张了,我们的读书活动从开张那一刻起,进入了现在进行时。

现在,图书银行不仅仅在我班有,在全校各班也都开了"分行"。各班"分行"都相对独立运作,极大地满足了各班学生的阅读需求,服务了学生的学习和生活。各班"分行长"(图书管理员)还定期召开经验交流会,并实现了不同班级之间的图书流动,让同一本书能够服务于更多的同学。

图书银行大大提高了孩子们现有书籍的使用价值,解决了开展读书活动和图书资源不足之间的矛盾,为孩子的读书活动提供了物质保障;同时,它还带来了学生之间交流的话题,为学生之间学会合作与交流提供了平台。为配合"图书银行"的运作,我们还举行了"好书大家读""师生同读一本书"和"读书论坛"等系列读书活动,给孩子的读书活动搭建了交流平台,实现了同读书、同感悟、共交流,极大地激发了同学们的读书热情。

山东省潍坊市高新区实验学校　孙丕和

7. 阅读储蓄小银行

课外阅读活动在我们学校开展得如火如荼、有声有色。但是，课外阅读的评价一直困扰着我，传统的课外阅读评价有指向，但不可测；有方法，但缺少动力。如何将阅读成果转化为显性评价？如何在评价中激发学生阅读的兴趣和提高阅读的质量？为了解决这些问题，我们布谷鸟班开展了以阅读储蓄小银行为载体的阅读评价。

我们的"小银行"里，存有上百本书，而且逐年递增。是"银行"，那么必定有收入支出明细，我们班按照银行存折的样子制作了阅读储蓄存折，外观看起来跟银行存折差不多，当然，里面的内容是有区别的。存折里填写的内容包括日期、书名或编号、主要人物、考核员签名、存入的星币。具体如何操作，怎样获得积分，如何才能"赚钱"呢？

一开始，我们的阅读储蓄积分主要是以阅读的书目为主。看完一本书就可以"赚"到十个"星币"。可是，操作两次之后，我们发现还存在不少问题，不管是囫囵吞枣的阅读还是细细品读，得到的奖励都是一样的。比如，班上一个三国迷，细细读完《三国志》一本书，别的同学早就读完了三四本《笑猫日记》。结果，单纯从积分看来，读《笑猫日记》的同学显然占了上风，那么，当月的"阅读王"应评给谁呢？

针对这些问题，我们需要有效解决问题的方法。不是看完一本书就可以随意存"款"了。每看完一本书，学生都要主动向"营业员"领取申报表，认真填写读后感，根据读后感来赚取积分。为了保证每个学生都是在认真阅读，我们还安排了"银行小职员"负责考核、提问。通过实践操作，我们"小银行"也形成了一个"存款"模式。请看操作流程：填写申报表—向"营业员"申报—"小银行行长"签字—老师盖章—领取存折卡填写—财务登记—储蓄成功—积分换会员卡—会员卡借阅。看似很复杂，但是每一环节都有专职的管理人员操作，储蓄过程越来越程序化，阅读管理越来越方便、高效。

孩子们十分喜欢这种储蓄知识的过程。高润诚拿着自己的存折对妈妈说："妈妈，您看，我也存了不少钱了，这是我用知识换取的财富！"马梦婧说："通过当班级的小小营业员，我懂得了微笑服务，每次评价时同学们给我打服务分，我都特别紧张。我要更加热爱阅读，争取成为阅读储蓄行长！"也有家长发来短信说："老师，您的阅读小银行办得很好，我家孩子月假在家都会主动阅读，说再加一个积分就是会员啦！而且还当着我的面向我模拟申请，很有意思。"

当然，每个班级都有一些不喜欢阅读的孩子。针对这样的孩子，我想了一些办法，不仅能激发他们的阅读兴趣，还能够控制他们的积分：我为学生购买一个普通本子，在晨诵过程中朗诵好的、午读认真的、暮省深刻的，参与语文课堂上的课本剧表演、班队课上的讲故事比赛、博客阅读的评论、优秀的手抄报、班刊投稿的作品、学校的各种阅读活动，等等，都可以在本子上盖一个我的专项章，这样，评价的内容越来越充实，那些原先不喜欢阅读的孩子为了能参加班级或学校活动，也变得越来越喜欢读书了。

一个学期下来，孩子们的阅读习惯初步养成，阅读水平明显提高。我这个班主任也可以通过这个小银行，清楚地查阅到一个月里学生的阅读量和阅读兴趣。因为学生凭会员卡借阅，所以班级里的书籍也保存得十分完好。我们班的"阅读储蓄小银行"储蓄了满满的阳光，充满花香。

浙江省乐清市育英学校　杜　鹃

8. 我的座位谁做主

　　学校实行小组合作、探究的学习方式，要求各班对座位安排进行变革。我班有 48 人，我将他们分成 6 个学习小组，每组 8 人。不想，没过多久，不断有家长打来电话，希望可以将自己的孩子安排至某某同学的小组，都是希望自己的孩子可以"近朱者赤"。

　　如何既让家长满意又让孩子们各得其"位"呢？经过一个假期的酝酿，新学期开学，我告诉孩子们：要重新分组，调整座位。具体方法是，先由上学期期末新选出的六位组长每人在全班范围内挑选一个合作默契的同学做副组长，然后按照大家的兴趣、爱好、男女生比例平均分配。

　　从孩子们的眼神中可以看出，他们个个都希望能快些安排到自己。

　　我首先点了小俊，让他选择一个他喜欢的小组。小俊先是有些不敢相信地看看我，然后飞速地跑到了组长小桦的身边。

　　当我不急不缓地点到第三个孩子的名字时，座位上的小邱马上高高地举起了手。我立即点了他的名字，问他想选哪个小组。

　　没想到，小邱一时拿不定主意了，我说："孩子，看样子你还没想好，请先坐下再好好想想吧。"

　　在小邱的提示下，全班孩子都举起了手。我加快了点名的速度，一时间，教室里到处都是飞速闪动的身影。

　　就在小彦的小组要组建成功之际，小羽跑过来对我说："李老师，虽然我被小雅选去做了副组长，但是我还是想去小彦的小组做一名普通组员，因为我觉得跟小彦在一起学习特别愉快。"

我说:"好,你自己去找同学交换,前提是要保证小雅小组里有合适的副组长。"不一会儿,小羽就满足地站在了小彦小组组员的位置上。

很快,六个小组都组建好了。望着一双双神情各异的眼睛,我请孩子们说说对于自主选择的想法。

多数孩子表示喜欢、新鲜、有趣、满意!

此时,小信一字一句地说:"其实我非常想跟小蔚一个小组,可惜我想加入他们小组的时候,他们组的男孩子已经满了,而且我还非常喜欢我以前的小组,真想能和原来小组里的同学们坐在一起,我们还是火焰组。"说这些话的时候,平日里颇具男子汉气概的小信,眼睛里一片晶莹。

我问他:"那么,你对新的小组有什么想法?"

小信轻轻地说:"不了解。"

小邱的手再次举了起来,他说:"我觉得非常遗憾,本来我是有机会选择跟成成或是小桦一个组的,可是您第一次让我选时,我犹豫了,结果后来想再加入,已经来不及了。"

不知不觉中,教室里一片沉静,可以看出,孩子们有心事。

我认真地告诉孩子们,从刚才这件事情当中,我想告诉大家六个关键词:

第一,选择。今天,我们是在选择新的座位,而在将来的生活中,还会有许多事情等着你去选择。需要为你的选择负责的,只有你自己。

第二,离别。今天,有些同学像小信一样,觉得和从前小组里的伙伴离别非常难过、不舍。可是,有一天你会发现,今天的离别与今后生活中将要面对的离别相比,是多么微不足道。

第三,珍惜。既然生活中有那么多的离别和伤感,我们是不是要从现在开始,好好地珍惜身边的伙伴,包括亲人,以免将来离别时说,我真后悔当初在一起时没有好好珍惜他,现在想珍惜却已经来不及了。

第四,机会。我想,对于"机会"这个词,小邱的感触应该是最深的,好机会今天从他的手中白白溜走了。那么,我们是不是该像小邱一样,从现在开始，努力为下次机会的来临，做好充分的准备？

第五，争取。当我们不满意身边的安排时，我们该怎么办？抱怨还是争取改变？今天小羽的胜利说明：改变现状需要具有挑战的勇气和放弃的决心。

第六，适应。我们没办法改变身边的环境，但我们可以努力地改变自己；我们没办法让所有喜欢的同学都坐在自己的身边，但我们可以让自己喜欢上坐在身边的每一个同学，也可以想办法让他们都喜欢上自己。这，就叫做适应。

转眼，一年过去了，孩子们在新的座位、新的学习小组中演绎了许多令人意想不到的故事：

在学习古诗《黄鹤楼送孟浩然之广陵》时，他们在表演中诠释着诗意，也畅谈着对于珍惜友情、正视离别、适应未来的见解。

在"校园达人秀"的竞选舞台上，他们不仅踊跃参与、大胆表现，还主动奔波在各个教师办公室之间，为了不错失参赛机会而积极与老师们协商解决的办法。

每每听到同事、家长们赞叹着孩子们这些出人意料的表现时，我都会在心里暗想：这群小家伙们，现在思考的，已经远不止是"我的座位谁做主"这么简单的事了！

广东省深圳市福强小学　李　楠

9. "5S" 进班级

何谓"5S",它源于日文 SEIRI（整理）、SEITON（整顿）、SEISO（清扫）、SEIKETSU（清洁）、SHITSUKE（修养）发音的第一个共同字母"S",所以统称为"5S"。5S 活动不仅能够改善生产环境,还能提高生产效率、产品品质、员工士气,是其他管理活动有效展开的基石之一。这是外企常用的一种管理方法。我把它引入班级管理纯属偶然,但起到了意想不到的效果。

六年前,我新接手了一个一年级班级,这个班的孩子特别活跃,而且自理能力很差,东西乱丢乱放,一个星期下来,讲台上到处都是无人认领的铅笔、橡皮,而教室卫生更让我这个班主任头疼。我开始用各种招数：上卫生课,每天早一次晚一次我打扫整个教室,但收效甚微,班级还是乱糟糟。在家抱怨时,丈夫在一旁听到,来了一句："我们单位哪有人敢这样,'5S'都有规定,要被罚的!"说者无意,听者有心。我上网查了"5S"管理法后,决定在班级进行试验。

首先,我利用晨会课进行了一次动员,把"5S"法说得很神奇：它会让我们班级焕然一新,从此与众不同,孩子们的积极性一下子被调动起来了。接着,我利用一个中午,带领孩子把整个教室彻底打扫了一遍,与以往的不同在于,这次我带领孩子们一起做,并仔细告诉孩子课桌上的文具、书本、作业本怎么放,课桌洞左侧放书包,右侧放工具书和下节课要用的书本,下层搁板左侧放书包,右侧放水杯。我又当着孩子的面把讲台、老师批作业的小桌子、卫生角、图书角、矮柜都整理了一遍,孩子们看到教室变得如此干净、整洁，都发出了啧啧的赞叹声，我趁热打铁："这样的教室大家喜欢吗？我们是不是要一直让教室这样啊？"学生们肯定的回答比平时更响亮。我马上提出了以下要求：①每个人做好自己的保洁工作，区域是自己的座位和座位右侧的2块方砖，最右侧的学生负责教室后面，责任到人；②老师负责讲台黑板的保洁；③任课老师负责自己的小桌子。规定出来后，检查与督促尤为重要，我不时去教室，并以身作则保持黑板与讲台的整洁。对于有问题的地方，我轻声地指出，让孩子马上改正，对于做得特别好的小组与个人及时表扬，发红花、个人或小组照片上卫生光荣榜，这些大大激发了学生的积极性。慢慢地，我们班人人都爱劳动、爱干净，我再也不用为班级卫生头疼了。

随着年级的升高，我也不断提高对学生的要求，选了两名经常上卫生光荣榜的同学做卫生监督员。卫生监督员负责检查学生的卫生保洁情况，采用轮换制，这样学生更有积极性，原来我负责的黑板与讲台也交给学生管理，原本由任课老师负责的小桌子也改由课代表负责，孩子们做得更认真。接着我把"5S"法迁移到了学生学习习惯的培养中。如上课的坐姿，我对孩子说，我们的座位排得那么整齐，难道我们还不如一张桌子吗？学生上课坐得很端正，听课效率也大大提高。作业要求书写规范，字迹端正，这样，作业的正确率又提高了，大多数同学及时完成作业及订正，并学会了合理安排自己的时间。我还经常通过"家校路路通"把孩子的点滴进步告诉其父母，从得到的反馈可知，孩子在家的生活自理能力也提高了。

四年级的时候，电台的记者得到消息，对我们班的"5S"管理专门进行了一次采访，并做成专辑播出，取得了很好的社会影响，而且让孩子体会到，凡事从小做起，持之以恒，必将取得成功，如今这个班的孩子已经毕业了，我相信好的习惯会陪伴他们一生，让他们终身受益。

江苏省苏州市金阊区实验小学　陈　洁

10. 小小图书角，开启大世界

为了创设书香班级，我班不但在教室里建了图书角，还创造性地引入了虚拟图书角，让每一个学生在课间都能走进书中，让每本书在课间都能被送到学生们的手中。

一、前期策划，布置图书角

图书由学生从家中带来。在家长会上，我们家长进行了沟通，家长对此给予了极大的支持。原本建议每名学生带一至五本书，但事实上，很多同学都带来了十几本甚至二十几本，最后我们班的图书超过了八百本。

图书管理员以小组为单位，四人为一组，对图书进行管理，每周交换一次。全班共同制定借阅制度，规定损坏书要赔偿。

二、动手行动，创办图书角

学生在带书来学校的同时，需提交一份图书资料，内容包括学生姓名、书名、出版社名称及价格，可将资料发电子邮件到班主任的信箱，也可以手写，由班主任整理，登记编号。每本书都有一个独一无二的号码，由班级名＋个人学号＋个人书籍序号组成，例如4223001，说明是四年级二班学号为23号的学生带来的第一本书。编出序号后，学生将该号码贴在书的扉页上。

书籍统一摆放在教室后面的一张桌子上,按类摆放。分为故事书、科普等类。

每名学生有一张借阅卡。借阅卡可自行设计,但每张借阅卡上都要有一句持卡人最喜欢的读书格言。学生每借一本书看,都要在借阅卡上登记借阅时间及借阅图书书名。同时图书管理员要在班级图书借阅本上登记。学生每借阅图书五次,可在班级阅读星级擂台上加上一颗星,同时,为了避免学生追求数量而不注重阅读质量,学生在阅读完五本书后,至少要写一篇读后感。

三、动脑创新,完善图书角

根据学生们的建议,我们完善了班级阅读星级擂台,该擂台张贴在教室墙壁上,分阅读星、藏书星、推介星、管理星、写作星等。阅读星又具体分为报刊、杂志、图书。学生借阅的图书达到一定数量,图书管理员负责为学生加星,表现好的图书管理员可得管理星一颗。带来的图书多的同学可获得藏书星。星级擂台采用生师评比相结合的方式,更多的是关注学生阅读的过程和发展。

班级的图书角虽实用,但也存在一定局限性。由于空间限制,学生们没法将更多的书带到学校。为了真正实现好书共享,学生们提出了虚拟图书角的创意:每人填写一张虚拟图书角资料卡,内容包括书名、推荐理由及推荐人。将所有资料卡整理成一个文件夹,老师负责给卡片编号,每张卡片上的号码就是书号。学生们课间可自主选择,喜欢哪本书就与该书的主人联系借阅,同时到班级图书管理员处登记。这样,班里的图书角实现了有形与虚拟相结合,真正建立了"藏万卷书于学生家庭中"的图书角。

同时,班级还采用多种形式促进读书习惯的形成。如在黑板报上开辟"一缕书香"栏目,由学生推荐好书,交流读书体会。每天晨会上五分钟的"书香推荐"时间,值日班长就自己喜欢的一首诗或一本书与全班同学交流体会、分享感悟。所有这些,都促进了读书活动的开展,使班里的图书角能够更为切实地发挥作用。

山东省淄博市临淄区闻韶小学　张　兵

11. 班旗高扬

"丁零——"期末考试结束的铃声一响,同学们就急不可耐地抛开试卷,不管考得好坏,个个又跳又闹,或许是为即将到来的缤纷暑期兴奋,或许是为一年来成长中迈过的坎坷而高兴,教室里充满欢声笑语。趁着这沸腾劲儿,我让护旗手罗杰拿来班旗,用胶带纸小心地贴住毛了边的角,贴在黑板上。同学们不知这葫芦里卖什么药,纷纷开始议论。

"同学们,首先恭喜大家顺利地完成了高一的所有学业,而且马上就可以开始享受惬意的暑期生活了!"学生们一片雀跃。

"但更要指出,今天是本学期的最后一次相聚,下学期重新分班后,我们中间的很多人可能就此要分开了。"听到这里,教室顿时陷入了短暂的寂静中。我指了指身后的黑板:"老师希望在临别前,能按照事先约定的方式为彼此、为我们班集体也为我们美好的记忆画上一个完整的句号。"大家望着那面班旗,晒褪了色,磨坏了角,却丝毫不失英气,凝聚意志的图案与饱经风雨的底色融在一起,给人更多的是一种厚重和追忆感,再想想我的话,一下子都明白了。

"我为班旗添光彩"是由学校发起的班级建设活动。我们班每逢开学,都会利用一节班会课发动所有人——包括班主任——设计一幅自己心目中理想的班旗图案,并用简练的文字描述设计意图,然后将所有作品匿名展示出来,通过民主投票选出人气最高的一幅,使之成为今后班级精神的主要象征。

"添光彩"则涉及整个活动的内涵。试看同学们平时的一天：晨曦初露时，我常到宿舍去提醒"早起的鸟儿有虫吃"，大家听后马上到操场上站好队；随后，体育委员高举班旗，带领大家迎着朝阳边跑边喊："挥动激情、放飞梦想；奋发拼搏，青春无悔"，相比别的班级，俨然成为一道流动的风景线；到了早读时间，请一位同学给大家讲励志故事，紧接着，听众们推选代表谈感想，我也不能置之事外，要在最后一个发表见解，接受大家的评判。经过累积和沉淀，学生们自然会进步很多，人也更加自信了。

　　日常学习生活中，由当日的护旗手和值日班长根据共同商定的班旗行动章程维持秩序和协助任课老师，我在教室的后墙上用很大的红纸贴上"我成长·我感悟·我快乐"的个人成长进步表，其中分品格和技能两大项，前者包括勤劳、友爱、诚实、孝顺、谦虚，后者包括劳动、卫生、体育、学习、文艺等，通过细心的观察和鼓励，描述学生的进步足迹，无形中在班级中营造了和谐向上、你追我赶的氛围。每个人为了班级的荣誉和个人的持续成长，都会竭力表现出最好的一面，班级因此在年级中渐渐树立了口碑。

　　夜幕降临，飘展了一天的班旗就被护旗手"请"进教室，静静地陪伴大家完成晚自修。而坐在台下的寄宿生通常要在睡觉前完成一句话总结。如"今天我为班旗添光彩了吗？"或者具体说，"我又有什么新的进步呢？"这样的总结，我通常每周会收来看一次，到了月底再根据"进步表"、个人总结和教师观察评出"当月之星"，包括"劳动之星""进步之心""学习之星""尊老爱幼之星"等11个，捧着金光灿灿的荣誉证书和精美的小奖品，学生们今后能不再为班旗添光彩吗？

　　这个活动最令人骄傲和感动的地方，往往是学校运动会或艺术节表演时，同学们都在为自己的班级荣誉出谋划策，排演拉练，以此展现自己班级的风采。这让我觉得，一面旗帜就是一股昂扬的精神，一股进取的斗志。

　　活动的最后一项内容，是在毕业之前请所有共同奋斗过的兄弟姐妹们走上讲台，在这面留下过太多美好印记的旗帜上签下自己的姓名。当同学们听明白我的意思时，很多人都哭了，大家含着泪水默默地写下名字，走下讲台后又紧紧地抱在一起。我想，这既是一项活动的完美谢幕，也是每个人人生的一次再出发。

同时，我也相信，这面班旗，是会在他们的心中永远高高飘扬的。

江苏省南通市通州区二甲中学　邱　磊

12. "猴儿们"的快乐生活
——趣谈班级软文化建设

班级文化可以分为硬文化和软文化。前者是一种显性文化，是可以摸得着、看得见的，比如教室墙壁上的名言警句、英雄人物或世界名人的画像，摆成各种形状的桌椅，展示学生才华的书画长廊，等等。后者则是一种隐性文化，包括制度文化、观念文化和行为文化。制度文化包括各种班级规约、构成制度的法制文化环境；观念文化则是关于班级、学生的种种观念，这些观念潜移默化地影响着学生；因制度和观念等引发出来，从学生身上表现出来的言谈举止和精神面貌，则是行为文化。

建设好班级硬文化环境，只是给这个班级做了一件好看的外衣，而班级精神的真正体现，还要看班级软文化环境的建设。班级软文化环境是班级文化环境的核心，最能体现班级个性。以下，我就谈谈本学年我班在软文化建设上的几点做法。

一、班级制度巧包装

教师根据班级的实际，会制订一系列的班级规章、制度和纪律。制定班规并不难，让学生从心底支持这些规范并身体力行才难。结合小学生的心理，我们要给这些硬邦邦的班规穿上一件甜蜜的外衣，想一些点子，让他们觉得遵守班规是一件有趣的事。在执行过程中也要做到奖惩并举。

我们班流行过小红花、争当文曲星、魔力卡这些主题活动，这学期我班流行"驾照"。我是这样想的,到了六年级,遵守班规就如遵守交规一般,不应打折扣。在我的指导下,班长设计了这张"猴山驾照"(见右图)。

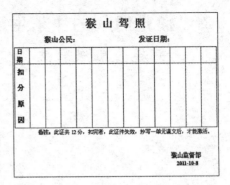

每个孩子在班级都要遵守班规。如果有违规现象,就记在这张驾照上;扣满12分,就需要重新学习班规,并接受一定的惩罚。这张驾照的扣分权、监督权归同桌所有。这样,遵守班规、执行班规就变成了一项很有趣的活动。

二、班级刊物展风采

看了管建刚老师的《我的作文教学革命》一书后,我也想办一份班级刊物。但这份刊物不仅要刊登孩子们的优秀作文,还必须让孩子关注社会,关注身边的点点滴滴;还必须扬善抑恶,成为班级舆论的主阵地;还必须贴近孩子的生活,符合他们的审美。

我跟孩子们谈了自己的设想,他们纷纷出谋划策,给出了很不错的建议。首先,刊物名称,他们认为他们都是一群调皮的猴儿,班级QQ群叫"一群猴儿",所以班刊也必须跟猴子有关。在比较了几个名称后,他们决定叫"猴山快报",我觉得很贴切,也挺有童趣,就拍板决定了。

商议后还决定了班刊的几个基本栏目:猴眼看世界(了解世界大事并加点评)、悠嘻猴逛校园(介绍学校内的大事趣事)、芳草地(孩子们的优秀作文)、猴山群英会(班级同学的自我介绍)、猴儿传经台(介绍好的学习方法)、嘻哈学堂(笑话)。

我们的初步计划是一月两期,目前已出了六期,还有两期正在后期制作中。这些周报不仅深受同学们的欢迎,而且主题也紧追社会热点,例如,第一期的"猴眼看世界"就报道了天宫一号的顺利对接;第三期又播报了乔布斯逝世的消息，并对他进行了缅怀；第四期又结合流行病——水痘，进行健康知识大普及。

我们还会不定期地开展一些话题讨论，如结合阅读活动，我们开展了讨论"你觉得什么样的书是好书，"孩子们纷纷畅所欲言，现摘抄一部分观点如下：

这本书内容精彩，能让读者充分吸收有益的知识，还能明白书中要反映的事物和做人的道理。（郑学烨）

你随便翻开一页，如果在五分钟内能被吸引，这本书对你来说就是好书。（江军）

一本好书就像一杯醇香的美酒，蕴含着自然的香味，每读一遍都会让你受益匪浅。与众不同的笔风让人心旷神怡。（王莹）

通过他们的发言，我也更了解了孩子的思想动态，帮助他们明晰了好书的标准。

在班刊的制作上，我们采取的是主编负责制。结合班级的作文课，每期定下一个主题后，全班征稿；我在批改作文的同时，筛选出优秀作文，推荐给主编。我们的主编是自荐的，要求热爱这份工作、有责任心。目前出版的六期分别是由六位孩子总负责的。

录用通知单

亲爱的猴子：
　　恭喜你，你的＿＿＿＿＿＿文章被《猴山快报》妙用，特此奖励香蕉币＿＿元。

《猴山快报》编辑部
2011年9月1日

确定主编后，要立刻组建自己的编辑队伍，同时提交一份本期刊物的设想给我。主编可以根据个人喜好、品味自行添加其他特色栏目。刊物设想由我过目后，主编就可以根据栏目需要，向班级里的其他同学约稿。被录用的稿件会发给"录用通知单"。

等到所有稿件到位，排版成功后，他们会把样刊交给我过目，我读后给予指点。每期班刊定稿后，会复印两份，一份挂在班上供大家阅读，一份交到我的手中留底存档。而投稿成功的孩子可以凭录用通知单去班级银行领取稿费作为奖励。

班刊不仅是孩子展示风采的舞台,还让孩子关注社会,关注身边的点点滴滴,它还是班级舆论的主阵地。同时,制作班刊也培养了孩子的交流能力、协作能力、创新能力。

三、猴山文化巧结合

(一) 香蕉币

在筹办《猴山快报》的过程中,孩子们的兴趣更浓了。他们提议,要开发猴山专用货币,作为班级的奖励用品。因为猴子爱香蕉,所以货币取名为香蕉币。我也觉得可以把猴山文化做大做强,故同意他们自行开发,目前孩子们开发了"猴山货币一代"和"猴山货币二代"(如图)。

猴山货币一代

猴山货币二代

(二) 小猴商城

如对六年级的孩子给予实物奖励,他们会玩得更起劲。否则,手上的香蕉币多了,不稀罕了,香蕉币也就贬值了,从而影响孩子的积极性。于是,一个让孩子可以兑换奖品的小猴山商城诞生了。商城内的物品从哪儿来呢?根据大家的游戏大家玩的原则,每个孩子自愿给班级捐赠价值3~5元的奖品,小猴商城的负责人给孩子发一张爱心贴纸,然后对这些奖品整理、分档、定价、造册,方便孩子用香蕉币购买。

不要小看小猴商城，它的运作过程其实非常考验孩子的能力，对于何时交易、怎么交易、怎样既可以满足大家又不影响学习，负责的孩子在实践中摸索出了以下交易原则——

小猴商城交易规定

1. 小猴商城以每周四、周五为开放日；
2. 周四为预订时间，周五进行交易；
3. 若有多人看中同一件物品，以出价高的进行交易；
4. 预定时间最长为两周，过期不候；
5. 请同学自备零钱，恕不找零；
6. 拒收破皱、污损的香蕉币；
7. 本商城物品一律不二价，拒绝退货。

（三）猴山银行

当然，我们也鼓励孩子养成储蓄的习惯，这学期，孩子们学了银行的利率，为了学以致用，猴山商业银行诞生了，银行的两位负责人根据本班的实情，设计了存款条约，方面同学存钱、取钱。

就是这样，我班上的猴子们在玩中学，在学中玩，在快乐中成长，在成长中又收获着快乐。

福建省福州市温泉小学　陈　岚

13. 今年又该流行啥

班级管理是一个动态的过程，是教师根据一定的目的要求，采用一定的手段措施，带领全班学生，对班级中的各种资源进行计划、组织、协调、控制，以期实现教育目标。班级活动状况直接关系到学生的生活、学习和教学质量。

一位有经验的教师，往往把班级管理放在极其重要的地位。而一名班主任最头痛的事，莫过于如何把费尽心思建立的班级常规传递给学生，让学生从心底赞同这些规范并身体力行。对此，很多教师会把学生遵守班级常规情况与一定的奖惩结合起来。

我也不例外，在我班上，一二年级时，常用的法宝是"小红花"、"小五星"，书写进步了，一朵"小红花"飘然而至，做操特别认真，奖励一颗"小五星"。为了得到这些荣誉，孩子们往往表现得很好，班级管理当然也不成问题。于是"小红花""小五星"风靡一时，但两年后，孩子们有些审美疲劳了，往昔视若珍宝的"小红花""小五星"已提不起他们的兴趣，他们认为这太幼稚了，小朋友才喜欢！

是的，孩子们长大了，思想也渐渐成熟了，作为教师，教育手段也应该与时俱进。我观察到孩子们喜欢玩电脑游戏，里面的积分制深深吸引着他们。分析原因，因为这些游戏创设了一定的情境，又让孩子们尝到升级的喜悦。那么，能不能把班级管理与电脑游戏的升级制结合起来呢？

经过几天的思考，"争当文曲星"活动应运而生。这项活动的特点，是把学生平时的阅读、纪律遵守、作业、卫生、书写、发言情况等方面的表现细化成各项加分，一周统计一次，再根据积分的高低设置"白丁、生员、秀才、举人、贡士、进士、探花、榜眼、状元、文殊阁学士、翰林院学士、翰林院大学士、文曲星"13个等级，看谁能在最短时间内达到最高级别"文曲星"。

此项活动一推出，孩子们各方面的积极性果然大大提高，为了增加积分，早日升级，他们常常保质保量地完成各项任务。"以往不太重视阅读，现在变成了每晚必做的功课"，"一回家就马上做作业，可抓紧时间了"，"现在写字挺认真的，不要我在旁边监督了"。从家长们反馈的情况来看，孩子们已经渐渐养成了良好的学习习惯。班委们也反映，同学们的纪律意识强多了，班级荣誉感增强了，再听听他们课间谈论的话题："我是举人，马上就要变贡士了。你呢？""我早就是进士了。"这样的对话令人忍俊不禁。当然，班级面貌也焕然一新，看着这些变化，我暗中窃喜。

进入四年级，在借鉴外班发明的"心愿卡"的基础上，我们班又玩起了文曲星的升级版"魔力卡"。当你忘了带作业时，可以找组长用魔力卡延缓半天交作业的时间；当你被罚抄课文时，可以用它抵销；如果你攒了足够多的魔力卡，还可以申请换同桌；当然，还可以拿魔力卡找老师兑换奖品……如此神奇的魔力卡一问世，立刻受到了孩子们的热捧，那么，怎样才能得到这些魔力卡呢？从平日良好的表现中来，学习好的可以凭成绩，成绩不好的靠遵守校规校纪，生性调皮的要学会爱班级，为班级同学服务，各方面都不好的"后进生"只要有进步也能赢得。如此宽松的条件让每个孩子信心大增，个个上进。一时间魔力卡成了班级最抢手的东西，他们也用辛苦"赚"来的魔力卡满足了自己的小愿望。看着他们在追求魔力卡的过程中学会了扬长避短，我也欣慰地笑了。当然，孩子们的要求都在我的掌控之中，涉及原则时，魔力卡就失效了。而且魔力卡还严禁买卖，由同桌互相监督。

不知不觉间，我带着孩子们玩了4年，在玩中，孩子们养成了良好的学习习惯,在玩中,孩子们学到了很多知识,在玩中,孩子们学会了公平竞争,在玩中,孩子们学会了扬长避短……

新学期又要开始了,今年又该流行啥呢?

福建省福州市温泉小学　陈　岚

14. 老师的荣誉也上墙

新学期，按学校统一要求创建班级文化，我将这个任务交给了班级的宣传委员王思思。思思是一个热心班集体工作、敢想敢做的学生，她做的事情既符合学校规定，又有创新，我一百个放心。

第二天课间，思思火急火燎地找到我："老师，关于班级文化，我已经设计好了，其中关于班级荣誉墙，我有两个建议想跟您说一下，可以吗？"

"工作效率真高！"我非常感动，表扬了她一番，且迫不及待地想知道她的建议："请先说第一个吧。"

思思放慢语速，认真地告诉我："我想把荣誉墙从室内移到室外走廊旁的两个窗户之间。"

"说说理由。"

"室外窗户之间的墙面空间比较大，可以容纳很多内容，我们班学生获得过很多荣誉，而且，放在外面，其他班级的学生也可以看见，能扩大我们班的知名度，不知这样的设计行不行？"

非常有创意，我更感动了，高兴地回答："完全同意，另外，你的第二个建议是什么呢？"

思思继续说："荣誉墙上不仅要贴上学生获得的荣誉，还要贴上我们班任课老师获得的荣誉。"

"说说理由。"

思思继续说道："由学生和老师组成的班级才是完整的班级，老师的荣誉上墙了,我们会为之感到骄傲,更会时时激励自己以老师为榜样,好好学习,天天向上。"

这个建议更令人拍案叫绝。"好!很好!非常好!"我按捺不住兴奋,大声喊道,"谢谢你,出了这么好的金点子。至于老师荣誉的复印件,我来负责,然后交给你布置。"

得到老师的肯定,王思思满意而去。

在收集老师荣誉的时候,我遇到一个小小的麻烦,语文老师提醒我:"我肯定支持你的工作,但我们班的英语老师刚刚参加工作,他没有什么荣誉上墙,学生会不会有看法?还是不要将老师的荣誉上墙为好。"

语文老师的担忧提醒了我,我想:"我们班是一个整体,没有英语老师的荣誉,会留下小小的遗憾。"于是赶紧找到英语老师表达了我的意思,英语老师说:"这真是勉为其难了!"

我绞尽脑汁,对英语老师说:"我们学校录用你,因为你是大学的高材生。在大学里,你一定得过很多荣誉,明天拿来吧!""好,我拿来,让你挑选。"英语老师答应了。

第二天,英语老师拿来了一大堆荣誉证书,我挑选了四年的三好学生证书以及一份社会实践优秀证书。语文老师的担忧解决了。

几天以后,我班的荣誉墙一展出,引来大量师生驻足观看,纷纷赞叹这全新的创意,还饶有兴趣地阅读荣誉证书上的文字,并连声感慨:

"哇,语文老师是无锡市优秀教师!"

"哇,班主任获得江阴市教师才艺展示一等奖!"

"哇,英语老师年年都是三好学生!"

"嘿,地理老师获说课一等奖呢!"

……

真的,老师的荣誉上墙赛过了说教,环境能熏陶人、感染人,从而让学生培养良好的道德品质。于教师而言,是一种肯定,肯定他们教书育人、为人师表、无私奉献的高尚精神,但更是一种激励,激励自己再接再厉,创造出更大的成绩。于学生而言，榜样的力量是无穷的，他们会因此对老师产生更多的亲近感，亲其师，信其言，乐其道，从而认真学习，好好做人。

从此以后，每学期的荣誉墙，师生同时展出。

江苏省江阴市周庄中学　曹继军